Die bibliophilen Taschenbücher

Albert Keller   Über die Zeit

W0061109

Albert Keller

ÜBER DIE ZEIT

Harenberg Edition

Harenberg Edition
Die bibliophilen Taschenbücher 654
© Harenberg Kommunikation, Dortmund 1992
Alle Rechte vorbehalten
Gesamtherstellung Druckerei Hitzegrad, Dortmund
Printed in Germany

INHALT

Gedanken zur Zeit

Anhang

Ihr lebet in der Zeit
und kennt doch keine Zeit.
So wißt ihr Menschen nicht,
von und in was ihr seid.
PAUL FLEMING

Tempus erit.

ANFANG UND ENDE DER ZEIT

Die Zeitlichkeit

Was immer uns begegnet, tritt uns in der Zeit entgegen, ist selbst zeitlich und trifft uns zu einer bestimmten Zeit unseres Lebens. Auch unser Denken über die Zeit läuft in der Zeit ab. Es hat zudem schon seine Geschichte, denn es ist geprägt von dem, was zuvor schon über die Zeit gedacht wurde, von uns selbst oder über Jahrhunderte hinweg von anderen; diese Geschichte reicht also weit über unser eigenes Leben hinaus und bestimmt es doch mit, da die Gedanken anderer auch in unsere Zeitsicht einfließen, oft ohne daß es uns bewußt wird. Aber es kann uns bewußt werden.

Der Mensch hat die Fähigkeit – und er allein hat sie –, seine Geschichte zu bedenken und zu beurteilen, weil er sich mit Zeit und Zeitenfolge zu befassen vermag. Er steht jedoch auch dabei Zeit und Geschichte nicht enthoben gegenüber, sondern stets mitten in ihrem Strom. Erst von da her und nur innerhalb dieses Flusses vermag er mitzugestalten, indem er etwas Neues beginnt.

Wer das nämlich überlegt tut, setzt sich zugleich mit dieser Zeitlichkeit seiner selbst und der Welt auseinander, da er in der gegenwärtigen Entscheidung nicht nur die Zukunft, sondern auch die Vergangenheit mitgestaltet, indem er Stellung dazu nimmt und Konsequenzen zieht. Denn was die Vergangenheit ist, zeigt sich ganz erst darin, welche Zukunft sie ermöglicht.

In dieser Fähigkeit des Menschen, sich bewußt zur Zeit zu verhalten, besteht seine Geschichtlichkeit. Geschichte haben auch das Tier und die ganze Natur, Geschichtlichkeit aber ist allein dem Menschen eigen, denn seine Freiheit vermag nicht nur die Gegenwart und Zukunft, sondern – wie angegeben – sogar die Vergangenheit mitzuprägen, da deren Sinn auch von den gegenwärtigen Entscheidungen abhängt.

Im übrigen jedoch ist die Vergangenheit in ihrer Faktizität der Freiheit entzogen, stellt nur deren unaufhebbaren Ausgangspunkt dar. Dazu merkt Aristoteles in der «Nikomachischen Ethik» an:

«Nie kann man sich Vergangenes vornehmen, niemand kann sich vornehmen, Troja zerstört zu haben. Denn niemand berät über Vergangenes, sondern nur über Künftiges und Mögliches, während Vergangenes unmöglich ungeschehen gemacht werden kann. Daher hat Agathon recht: Das eine nämlich ist auch einem Gott versagt, zu machen ungeschehen, was geschehen ist.»[1]

Allerdings wäre hier noch die Differenzierung hinzuzufügen, daß man sich zwar nicht vornehmen kann, Geschehenes ungeschehen zu machen, dies aber wohl wünschen und wollen kann, wie etwa Faust ausruft: «O wär ich nie geboren!»

Ungefragt wurden wir geboren, ungefragt unterliegen wir der Zeit; ungefragt stehen wir in der Gegenwart, haben eine Vergangenheit hinter uns, eine Zukunft vor uns. Aber wir sind gefragt, wie wir damit umgehen wollen und sollen. Und nur indem wir Zeit und Geschichte bedenken, können wir uns dieser Frage stellen.

Zur Geschichte der Zeit

Es scheint, als ob die Zeit selbst keine Geschichte haben könne. Geschichte hat nämlich nur, was sich ändert. Die Zeit aber ist offensichtlich zwar die Grundlage aller Veränderung, scheint selbst jedoch gänzlich unveränderbar zu sein. Die Zeiten können sich ändern, nicht aber die Zeit. Was die Menschen von der Zeit halten und, vor allem, wie sie mit ihr umgehen – all das mag sich ändern, nicht aber die Zeit.

Diese Überzeugung findet sich bei den frühesten Denkern des Abendlandes, den vorsokratischen Philosophen, ebenso wie mehr als 2000 Jahre später bei Newton, und sie entspricht auch dem Bild, das sich uns noch heute spontan von der Zeit aufdrängt, wonach sie stetig in völligem Gleichmaß dahinfließt, ohne daß wir uns ein Aufhalten oder einen Anfang oder gar ein Ende dieses Fortgangs vorstellen können.

So heißt es von Anaximandros (611–546 v. Chr.), einem der ersten Vorsokratiker, und seinen Anhängern: «Sie setzen die Bewegung als ewig voraus. Denn ohne Bewegung gäbe es weder Entstehen und Vergehen.»[2]

Das wird von Demokrit, der etwa 150 Jahre später geboren wurde, ausdrücklich auf die Zeit angewandt; er war überzeugt, die Zeit sei ewig: «Hierdurch beweist Demokrit», so überliefert es uns Aristoteles, «die Unmöglichkeit, daß alles auf der Welt entstanden sei. Denn die Zeit sei unentstanden.»[3]

Bei Platon (427–347 v. Chr.) allerdings findet sich bereits die entgegengesetzte Ansicht, die Zeit entstehe und vergehe mit der Welt. Im «Timaios» schreibt er: «Der Vater, welcher das All erzeugt hat, . . . bildet, um zugleich dadurch dem Weltgebäude seine innere Einrichtung zu geben, von der in der Einheit beharrenden Ewigkeit ein nach der Vielheit der Zahl sich fortbewegendes dauerndes Abbild, nämlich eben das, was wir Zeit genannt haben. Nämlich Tage, Nächte, Monate und Jahre, welche es vor der Entstehung des Weltalls nicht gab, läßt er jetzt bei der Zusammenfügung desselben zugleich mit ins Entstehen treten. Dies alles aber sind Teile der Zeit, und das War und Wirdsein sind Formen der entstandenen Zeit . . ., damit beide, zugleich ins Leben gerufen, auch zugleich wieder aufgelöst würden, wenn ja einmal ihre Auflösung eintreten sollte.»[4]

In der jüdisch-christlichen Tradition urteilte man ähnlich. Aus dem ersten Satz der Bibel: «Am Anfang schuf

Gott Himmel und Erde» folgerte man, es gebe für alles, so auch für die Zeit, einen Anfang. Dieses «Am Anfang» bezeichne den Beginn der Zeit, die zugleich mit der Welt geschaffen worden sei. So läßt das Buch «Jesus Sirach» des Alten Testaments die Weisheit sprechen: «Vor der Zeit, am Anfang, hat er mich erschaffen, und bis in Ewigkeit vergehe ich nicht» (24, 8). Noch deutlicher ist in dieser Überlieferung der Gedanke, daß die Zeit auch mit der Welt ein Ende nimmt; die Rede vom «Jüngsten Tag», dem letzten Tag aller Kalender, belegt das. Auf diesen «Tag des Herrn» verweisen Propheten des Alten Testaments drohend als Gerichtstag: «Seht, der Tag des Herrn kommt,/voll Grausamkeit, Grimm und glühendem Groll;/dann macht er die Erde zur Wüste,/und die Sünder vertilgt er./Die Sterne und Sternbilder am Himmel/lassen ihr Licht nicht mehr leuchten./Die Sonne ist dunkel, schon wenn sie aufgeht,/der Mond läßt sein Licht nicht mehr scheinen» (Jes 13, 9–11).

Sie verheißen aber andererseits das «Ende der Tage» auch als den Beginn einer Heilszeit: «Am Ende der Tage wird es geschehen: . . ./er spricht Recht im Streit der Völker,/er weist mächtige Nationen zurecht bis in die Ferne./Dann schmieden sie Pflugscharen aus ihren Schwertern/ und Winzermesser aus ihren Lanzen./Man zieht nicht mehr das Schwert, Volk gegen Volk,/und übt nicht mehr für den Krieg» (Micha 4, 1 u. 3).

Die ersten Christen sahen diese «Fülle der Zeit», ja die «Endzeit» mit dem Kommen Christi angebrochen. So beginnt der Hebräerbrief mit der Aussage: «Viele Male und auf vielerlei Weise hat Gott einst zu den Vätern gesprochen durch die Propheten; in dieser Endzeit aber hat er zu uns gesprochen durch den Sohn.»

Und der Apostel Paulus schreibt (um 54 n. Chr.) im ersten Brief an die Korinther über die in der Wüste umgekommenen Israeliten: «Das aber geschah an ihnen, damit es uns zum Beispiel dient: Uns zur Warnung wurde es aufgeschrieben, uns, die das Ende der Zeiten erreicht hat» (10, 11).

Daß mit diesem Ende die Zeit überhaupt aufhöre zu existieren, haben etliche aus der folgenden Stelle der «Geheimen Offenbarung» herausgelesen: «Und der Engel, den ich auf dem Meer und dem Land stehen sah, erhob seine rechte Hand zum Himmel. Er schwor bei dem, der in alle Ewigkeit lebt, der den Himmel geschaffen hat und was darin ist, die Erde und was darauf ist, und das Meer und was darin ist: Es wird keine Zeit mehr bleiben, denn in diesen Tagen, wenn der siebte Engel seine Stimme erhebt und seine Posaune bläst, wird auch das Geheimnis Gottes vollendet sein» (10, 5–7).

Auch eine Relativität der Zeit tritt in dieser Sicht zutage, wenn im zweiten Petrusbrief in Übernahme eines Gedankens aus den Psalmen (90, 4) gesagt wird, «daß beim Herrn ein Tag wie tausend Jahre und tausend Jahre wie ein Tag sind» (3, 8).

Die scharfsinnigsten philosophisch-theologischen Überlegungen über die Zeit, die er ebenfalls als geschaffen ansieht, stammen wohl von Augustinus von Hippo

(354–430), der sich in seinen «Bekenntnissen» ausführlich mit der Zeit befaßt. An Gott gewandt schreibt er: «War aber vor dem Himmel und der Erde keine Zeit, warum fragt man dann, was Du damals tatest? Es gab doch gar kein Damals, wo keine Zeit noch war. Auch gehst Du nicht in der Zeit voraus, sonst würdest Du nicht allen Zeiten vorausgehen. Sondern Du gehst allem Vorangegangenen voran in der Erhabenheit der immer gegenwärtigen Ewigkeit und übersteigst alles Zukünftige, weil es zukünftig ist und, wenn es gekommen sein wird, auch vergangen sein wird: Du aber bist derselbe und Deine Jahre enden nie» (Ps 102, 28).[5]

Im übrigen aber ging man weiter davon aus, daß die Zeit unaufhaltsam gleichförmig ablaufe. «Es gibt nur eine Zeit», also nicht mehrere, voneinander verschiedene, lehrte etwa Albertus Magnus im 13. Jahrhundert von der Zeit, die er wie Aristoteles definiert als: «Maßzahl der Bewegung nach dem Früher und Später».[6]

Damit wird, wie Isaac Newton Ende des 17. Jahrhunderts erkannte, Zeit relativ zur Bewegung angesetzt. Er wollte jedoch an ihrer Absolutheit festhalten: «Wenn aber gleichförmige Bewegung relativ ist, muß dann nicht auch die durch die Bewegung gemessene Zeit relativ sein?» Newton lehnte es ab, diese Schlußfolgerung anzuerkennen; er schrieb: «Jede Bewegung kann beschleunigt oder gehemmt werden; das Fließen der absoluten Zeit aber ist keiner Veränderung unterworfen.»[7] Seine Auffassung löste die Zeit aus ihrer Verbindung mit der Bewegung.

Wenig später hebt auch Leibniz die Folge von Eindrücken von der ihnen zugrundeliegenden Idee der unveränderlichen Zeit ab: «Eine Folge von Perzeptionen erweckt in uns die Idee der Dauer, macht aber nicht ihren Inhalt aus. Unsere Perzeptionen weisen niemals eine so konstante und regelmäßige Folge auf, wie es der Idee der Zeit entspricht, die ein gleichförmiges, einfaches Kontinuum ist, wie eine gerade Linie.»[8]

Es ist daher unserem Jahrhundert vorbehalten geblieben, die allgemein gültige Annahme von der Unveränderlichkeit der Zeit zu durchbrechen, und zwar in der Relativitätstheorie Albert Einsteins.

Danach ändert sich die Zeit je nach dem Bewegungszustand des Systems, in dem sie gemessen wird. Sie läuft schneller oder langsamer, zieht sich zusammen oder dehnt sich aus.

Aber diese inzwischen hinreichend bestätigte Theorie über die Zeit behauptet noch mehr: «Die Relativität der Zeit erstreckt sich nicht nur auf die Expansion (oder Kontraktion) der Zeit, sondern sogar auf ihren fundamentalsten Aspekt – ihre Eigenschaften des ‹Vorher› und ‹Nachher›.»[9] Durch höchst komplexe Überlegungen kann man zeigen, daß es für Beobachter, die sich in verschiedenen Richtungen oder mit verschiedenen Geschwindigkeiten bewegen, Ereignisfolgen gibt, auf die sich die Begriffe der absoluten Vergangenheit und absoluten Zukunft nicht mehr anwenden lassen: Ein Beobachter könnte meinen, Ereignis A erfolge vor Ereignis B; ein zweiter, sie geschähen in umgekehrter Reihenfolge; ein dritter, sie ereigneten sich simultan. Innerhalb ihres eigenen Bezugssystems haben alle drei «recht».

Aber auch vom Anfang und vom Ende der Zeit ist in der modernen Physik die Rede: «Auf die Frage, wie das Universum in seinem allerersten Augenblick, ganz am Anfang, beschaffen war, gibt es eine überraschende Antwort. Nach übereinstimmender Meinung aller Fachleute läßt sich der Beginn des Urknalls nicht mit naturwissenschaftlichen Begriffen beschreiben, weil der Raum, die Zeit und die Naturgesetze erst in der nächsten Entwicklungsphase des Weltalls entstanden sind.» Und sie trägt eine Hypothese über das Ende des Universums vor, die zugleich die unfaßlichen Zeiteinheiten deutlich macht, mit denen die Physik rechnet: «In der unvorstellbar kurzen letzten Zeitspanne . . . von einer zehnseptillionstel Sekunde, müßte die Temperatur unendlich hoch werden und das Weltall zu einem ausdehnungslosen Punkt schrumpfen, in welchem der Raum, die Zeit und die Naturgesetze verschwänden.»[10]

Hier zeigt sich nun auch die «in ehernem Gleichmaß unbeeinflußbar vorübergehende Zeit» selbst dem ständigen Wechsel unterworfen. Und so gibt es denn inzwischen auch eine «Kurze Geschichte der Zeit», die sogar zum Bestseller wurde.[11]

Dennoch bleibt die Zeit als Schema unserer Vorstellung endlos und gleichförmig und damit geschichtslos. So hat sie Immanuel Kant bestimmt, der schreibt: «Die Zeit ist eine notwendige Vorstellung, die allen Anschauungen zum Grunde liegt.» Und: «Die Unendlichkeit der

Zeit bedeutet nichts weiter, als daß alle bestimmte Größe der Zeit nur der Einschränkung einer einigen zum Grunde liegenden Zeit möglich sei.»[12]

Weil diese «Form unseres Anschauens» notwendig ist, kann die so verstandene Zeit keine Geschichte haben. Die Auffassungen der Menschen von der Zeit hingegen, zu denen auch die Relativitätstheorie gehört, haben im Lauf der Zeit gewechselt, wie im vorhergehenden nur kurz angedeutet wurde. Darüber ließe sich also Geschichte schreiben. Außerdem aber läßt sich auch die unterschiedliche praktische Einstellung des Menschen zur Zeit durch die Geschichte verfolgen.

Der Mensch und die Zukunft in der Zeit

Wie die übrigen Lebewesen muß sich der Mensch seinem Lebensraum und dessen Wandlungen anpassen. Aber er beschränkt sich nicht darauf; vielmehr versucht er noch weit mehr, umgekehrt diese Umwelt sich und seinen Bedürfnissen anzupassen, nicht nur um zu überleben, sondern um angenehm leben zu können. Gewiß begegnet er auch ständig neuen Bedingungen, die er nicht selbst heraufgeführt hat. Sie können längerfristig sein wie Klimaschwankungen oder Kontinentalverschiebungen, oder sie brechen so kurzzeitig herein wie Überschwemmungen, Erdbeben, Heuschreckenschwärme oder – um auch ein positives Beispiel anzuführen – wie

ein ausnehmend fruchtbares Jahr. Wo dergleichen unbeeinflußbar herankommt, begnügt sich der Mensch dennoch nicht damit, nur nachträglich zu reagieren, sondern
er bemüht sich, sich schon im voraus darauf einzustellen.
Er ist also bestrebt, sich einer Umwelt anzupassen, die
noch gar nicht vorhanden ist, sondern ihn erst erwartet.
Von der Vergangenheit weg orientiert er sich in der
Gegenwart auf die Zukunft.

Das ist schwierig, weil sich die Umweltveränderun-
gen, die ohne menschliches Zutun auftreten, nicht oder
noch nicht mit wünschenswerter Verläßlichkeit und
Genauigkeit vorhersagen lassen – man denke nur an
Wetterprognosen. So scheint es vorteilhafter, in «umgekehrter Anpassung» künftige Zustände und Ereignisse
geplant zu bestimmen, um sie den Bedürfnissen des
Menschen anzupassen.

Die so vom Menschen herbeigeführte Veränderung
seiner Umwelt hat jedoch zumindest den Nachteil, daß
sie mit einer Geschwindigkeit erfolgt, die weit über der
liegt, in der naturbedingte Entwicklungsschritte ablaufen, und die sich zudem noch fortwährend beschleunigt.
Versuchte der Mensch daher, in einer nur nachträglichen
Anpassung auf diese Veränderung zu reagieren, zunächst also nur passiv abzuwarten, was die Zeit bringt,
dann käme er diesen raschen Neuerungen nicht mehr
nach und würde von einer Zukunft überrollt, die immer
schneller auf ihn zuzukommen scheint.

Ein Ausweichen, etwa durch eine umfassende Kehrt-
wendung «zurück zur Natur», wäre tödlich; denn ohne

Anpassung an die von ihr selbst gestaltete Welt ist die Menschheit nicht mehr überlebensfähig. Einzelne «Aussteiger» bestätigen das in der Praxis deutlicher, als sie es in ihrer Theorie in Frage stellen, da sie von Gnaden einer hochtechnisierten Gesellschaft leben. Und wohin eine zwangsweise Rückführung der Gesamtgesellschaft in einen angeblich ursprünglichen Zustand (in Fremdwörtern: Die Regression in einen sozialen Infantilismus) fast unvermeidlich gelangt, das belegen drastisch die chinesische und noch brutaler die kambodschanische Kulturrevolution. Dieser Ausweg scheint also nicht gangbar. So ist der Mensch genötigt, sich der Zukunft zuzuwenden; ob er sich nur für das wappnen möchte, was unausweichlich auf ihn zukommt, oder ob er diesem Herankommenden gar planend seine Bahn weisen möchte, in jedem Fall muß er einen Teil der Zukunft vorwegnehmen, um sich auf sie vorzubereiten oder um sie in seinem Sinn gestalten zu können.

Diese Notwendigkeit wirft nun ein interessantes Licht auf unser Verständnis vom Menschen. Die Biologie versucht heute nämlich, das Zustandekommen der Lebewesen und ihrer Arten afinal zu erklären, dafür also nicht ihre Ausrichtung auf die Zukunft heranzuziehen. Das Recht dazu ist ihr nicht zu bestreiten; wohl aber scheint es angreifbar, daß sich mit diesem Versuch bisweilen die Neigung verbindet, den Unterschied zwischen Mensch und Tier zu nivellieren.

Gerade wenn ich nämlich alles Zweckmäßige in der Natur allein als jenes Ergebnis aus «Gesetzmäßigkeit und Zufall» auffasse, das die Selektion eben aus dem Grund verschont hat, weil nur das Unangepaßte, das Unzweckmäßige auf der Strecke geblieben ist, dann wird hier alles aus seiner Vergangenheit definiert, nichts jedoch von seiner Zukunft her erklärt.

Das Tier scheint überdies ganz in der Gegenwart zu leben. Darin ist den intelligenteren unter ihnen eine kurze Vorausschau möglich. Eine Ratte kann Ereignisse als miteinander verknüpft erkennen, wenn zwischen ihnen weniger als 30 Sekunden liegen; darüber hinaus reicht ihre Zeiterfassung nicht. Und Schimpansen stellen sich auf die unmittelbar bevorstehende Zukunft ein, indem sie primitive Werkzeuge herstellen, etwa einen Zweig entlauben, um damit in Termitenbauten herumstochern zu können. Aber sie entwickeln keine Werkzeuge, um damit andere herzustellen, und sie bewahren ihr Werkzeug nicht auf. So weit reicht ihr Blick in die Zukunft nicht.

Hingegen hat man bereits beim Frühmenschen behauene Quarzstücke gefunden, die aus mehreren Kilometer entfernten Steinbrüchen stammten; er muß sie für künftige Verwendung aufgehoben haben. Diese Voraussicht zeichnet ihn vor den Tieren aus.

Der Mensch ist also in seinem Verhalten unleugbar und unvermeidlich weithin durch das bestimmt, was er sich von der Zukunft erwartet oder was er für sie plant. Aus dieser Sicht könnte man den Menschen geradezu definieren als das Lebewesen, das durch sein Erfassen der Zeit und seine bewußte Einstellung zur Zukunft geprägt wird. Bemühte sich der Mensch nämlich nicht voraus-schauend und planend um die Zukunft, könnte er als Art nicht überleben.

Zu den Abbildungen der Seiten 25 bis 32:
Ereignisse des Alltags galten den Hindus als bedeutungslos,
das Leben des Menschen war nur eines von vielen Leben
in der unendlichen Zeit: Man errechnete kosmische Zyklen
von 12 000 göttlichen Jahren, die 4 320 000 Erdenjahren entsprachen.
1000 dieser Zyklen waren ein Tag im Leben des Brahma.
Die gigantische Jantar Mantar Sternwarte in Neu Delhi (um 1725)
des Maharadscha Jai Singh II. beeindruckt ob ihrer Vielzahl von Instrumenten.
S. 25, 32: Bis heute gibt die Sonnenuhr Samrat Yantra präzise die Uhrzeit an.
S. 26/27, 30/31: Das Misra Yantra mißt die Winkelabstände von Sonne
und Sternen, das Rama Yantra (S. 28/29) die Höhe der Gestirne.

DIE ENTWICKLUNG
DES ZEITBEGRIFFS

Geschichte unserer Einstellung zur Zeit

Dieses Bemühen des Menschen, vorausschauend zu planen, hat nun seine Geschichte. Die weitaus längste Zeit seiner Existenz hat der Mensch gleichsam «in den Tag hinein gelebt». Viele hunderttausend Jahre lang, nämlich von den Anfängen der Menschheit, die man vor ein bis drei Millionen Jahren vermutet, mußten und konnten die Menschen, bis sie schließlich seßhaft wurden, ohne längerfristige Zukunftsvoraussichten auskommen, weil sie als Jäger und Sammler ständig unterschiedlichen unvorhersehbaren Situationen gegenüberstanden, für die sie eine bewegliche, jeweils den Umständen anzupassende Erfahrung besser gerüstet sein ließ als irgendeine Langzeitplanung. Außerdem konnten sie, wo sie herumzogen, keine größeren Vorräte an «Konsumgütern» mit sich führen, sondern sie behielten höchstens ein Eigentum an «Produktionsmitteln», nämlich Jagdwaffen und Werkzeugen; wo ihnen aber durch reichliches Nahrungsangebot das Herumwandern erspart blieb, brauchten sie keine Lager für Vorräte, die ihnen dort ohnehin sehr schnell verrottet wären.

Gleichsam ein Relikt dieser Einstellung bietet uns die Sprache der Hopi-Indianer in Arizona. Der amerikanische Linguist B. L. Whorf berichtet über sie: «Der Hopi hat insbesondere keinen allgemeinen Begriff und keine allgemeine Anschauung der Zeit als eines gleichmäßig fließenden Kontinuums, in dem alle Teile des Universums mit gleicher Geschwindigkeit aus einer Zukunft durch eine Gegenwart in die Vergangenheit wandern oder in dem – um das Bild umzukehren – der Beobachter mit dem Strom kontinuierlich von der Vergangenheit fort in die Zukunft getragen wird. Nach langer sorgfältiger Analyse ist man zu der Feststellung gekommen, daß die Hopisprache keine Wörter, grammatischen Formen, Konstruktionen oder Ausdrücke enthält, die sich direkt auf das beziehen, was wir ‹Zeit› nennen. Sie beziehen sich auch weder auf Vergangenheit, Gegenwart oder Zukunft noch auf Dauern oder Bleiben noch vorzüglich auf kinematische Bewegungen im Gegensatz zur dynamischen Bewegung . . . Kurz – die Hopisprache enthält weder ausdrücklich noch unausdrücklich eine Bezugnahme auf ‹Zeit›.»[13]

Diese Zeitlosigkeit der Sammler und Jäger änderte sich vor etlichen tausend Jahren, als die Menschen allmählich seßhaft wurden, Ackerbau und Viehzucht betrieben und die Schrift entwickelten, als daher die Zeit begann, die wir die geschichtliche nennen. Für den Ackerbau vor allem war es nämlich wichtig, die beste

Zeit der Saat und Ernte und die Überschwemmungs-
perioden der Flüsse zu kennen. Der Mensch mußte sich
also die Zeit überschaubar machen. Dazu mußten die
Beobachtung systematisch festgehalten, ein Kalender
aufgestellt und die regelmäßigen Naturabläufe registriert
werden – eben dazu diente die Schrift; und damit entfal-
tete sich auch als erste beobachtende Wissenschaft die
Astronomie. Sie erlaubte, den Rhythmus der Zeitabläufe
zu erfassen und auf dieser Grundlage bereits einige zukünftige Ereignisse, etwa Sonnenfinsternisse oder – all-
täglicher – genauere Daten jahreszeitlichen Wechsels
vorauszusagen. Die Zeiteinteilung stellte so die erste
«angewandte Wissenschaft» dar, da sie auf der Astronomie aufbaute.

Gewiß entstanden dann im Laufe mehrerer Jahrhunderte neue wissenschaftliche, das heißt Gesetzmäßigkeiten feststellende Formen der Naturkenntnis; aber bis
zum Beginn der Neuzeit blieben diese Wissenschaften
darauf beschränkt, die Natur und ihre Regeln sorgfältig
zu beobachten und zu beschreiben. Damit konnte man
bestenfalls die erste der oben genannten Arten der Zu-
kunftsbewältigung betreiben, nämlich die nach einer
starren Gesetzmäßigkeit eintretenden Ereignisse voraus-
kennen und sich folglich dafür rüsten oder auch schon
dergleichen Regelmäßigkeiten ausnutzen.

Eine entscheidende Änderung trat jedoch mit dem
Heraufkommen der neuzeitlichen Wissenschaften (mit
Männern wie Galilei und Newton) dadurch ein, daß man
sich nun nicht länger damit begnügte, die vorliegenden

Zustände und Abläufe der Natur zu beobachten; man begann vielmehr zu experimentieren, also die zu beobachtenden Zustände und Prozesse erst herzustellen. Damit war aber der erste wichtige Schritt getan auf einem neuen Weg, der nicht länger nur danach trachtete, das nach verläßlichen Gesetzen Eintretende genau und ohne Irrtum vorauszuberechnen; nun ging man daran, diese Gesetze weit mehr selbst in die Hand zu nehmen und sie dafür zu nutzen, erwünschte Zustände und Ereignisse heraufzuführen und andere zu verhindern – eben die Zukunft zu steuern.

Die Konkurrenz der beiden Einstellungen zur Zukunft – einerseits die entdeckende, berechnende, registrierende, andererseits die erfindende, entwerfende, konstruierende – war damit nicht ausgestanden. Die erste, ältere fand im vorigen Jahrhundert ihre radikalste Ausprägung, und sie versuchte in diesem Endstadium auch bereits deutlich, einige Züge der zweiten Richtung in sich aufzunehmen.

Zu Beginn des 19. Jahrhunderts hatte nämlich der Astronom Laplace die deterministische Grundauffassung des Wissenschaftsverständnisses in folgendes Bild gefaßt: Für einen Geist, «der in einem bestimmten Augenblick alle Kräfte kennte, von denen die Natur bewegt wird, und die gegenseitige Lage aller Dinge, aus denen die Welt besteht, falls er umfassend genug wäre, dies alles mathematisch zu analysieren, . . . für den wäre nichts ungewiß, und die Zukunft wie Vergangenheit läge offen vor seinen Augen».[14]

Diesem «Laplaceschen Dämon» möglichst nahe zu kommen war das Ideal aller Wissenschaft. Aber es ist deutlich, daß hier die Zukunft nicht von Menschen gesteuert werden kann, da alles durch «eiserne Notwendigkeit», um einen Ausdruck von Friedrich Engels zu gebrauchen, vorherbestimmt abläuft. Nach Engels bewegt sich die Welt nämlich in einem «ewigen Kreislauf», «in dem jede endliche Daseinsweise der Materie . . . gleicherweise vergänglich, und worin nichts ewig ist als die ewig sich verändernde, ewig sich bewegende Materie und die Gesetze, nach denen sie sich bewegt und verändert».[15]

Der «Kreislauf», von dem hier gesprochen wird, verweist diese Zeitauffassung in die Periode des seßhaft gewordenen Menschen, die zyklisch und deterministisch ist. Denn der Kalender geht von immer wiederkehrenden Zeitabschnitten aus, die ursprünglich durch Feste markiert wurden: «Das Intervall zwischen zwei aufeinanderfolgenden Festen der gleichen Art ist eine ‹Periode›, üblicherweise mit einer Benennung ausgezeichnet: eine ‹Woche›, ein ‹Jahr› usw. Ohne die Feste würde eine solche Ordnung nicht existieren, und jegliche Ordnung würde aus dem sozialen Leben verschwinden.»[16]

Allerdings muß man diese Feststellung wohl auf die soziale Ordnung einer vorherrschend bäuerlichen Gesellschaft einschränken, in der diese Einstellung der Zeit gegenüber dominiert. Auch das menschliche Leben und selbst die Geschichte werden aus dieser Sicht in Stadien eingeteilt, und es wird versucht, die Übergangsphasen zwischen den einzelnen Stadien zu markieren.

Die Wiederkehr des Gleichen macht die Zeit übersichtlich und planbar. Ihr Bild ist der Kreis, sei es der Lebenszyklus oder der Jahreskreis. Auch die Auffassung von der gleichartigen Entwicklungsform der Kulturen, wie sie in Anlehnung an Friedrich Nietzsche von Oswald Spengler vorgetragen wurde, entstammt dieser Zeitsicht. Selbst die Wissenschaft, die nicht von der zyklischen Zeitauffassung ausgeht, ist dennoch, wenn sie Experimente anstellt, auf deren Wiederholbarkeit angewiesen: Anders könnten die Ergebnisse der Versuche nicht überprüft werden. Was sich aber nicht überprüfen läßt, findet in der Wissenschaft keinen Platz.

Der von den periodischen Schwankungen der Zeiterscheinungen abhängige Mensch hatte sich diesen Abläufen angepaßt, indem er widrige Perioden zu überdauern, günstige abzuwarten suchte, also «mit den Hühnern zu Bett ging» und den Tagesanbruch mit dem Sonnenaufgang zusammen erlebte oder in den kälteren Regionen den Winter eher geruhsam verlebte, bevor er in den wärmeren Jahreszeiten von der Feldarbeit wieder voll in Anspruch genommen wurde.

Mit dieser zunehmenden Verstädterung und Technisierung des Lebens nahm die Abhängigkeit von Jahres- und Tageszeiten fortschreitend ab. Obwohl Wetterfühligkeit und vor allem die innere biologische Uhr des Menschen ihn nicht völlig aus den Beziehungen zur Zeitrhythmik entlassen und die geschlechtsreife Frau durch den Menstruationszyklus noch unverkennbar auf die Bindung des Lebens an Zeitphasen hingewiesen wird, löst sich der moderne Mensch doch weithin aus dieser Verwiesenheit an vorgegebene Zeitgliederungen. Wann er wacht oder schläft, arbeitet oder Urlaub macht, das bestimmt er entweder selbst oder es wird ihm von gesellschaftlichen oder ökonomischen Bedingungen diktiert, kaum mehr jedoch schreibt es ihm ein natürlicher Zeitrhythmus vor.

Insofern bestimmt er zunehmend die Zeit. Er wartet nicht mehr ab, was die gewohnte Zeitenfolge bringt, sondern versucht, den Gang der Zeit zum Besseren zu steuern; dazu macht er sie immer exakter meßbar, um die für seine Planung erforderlichen Zeitabschnitte und Perioden genauer festsetzen zu können. Die Zeit wird ihm so Machtmittel und ökonomischer Wert, wie es das Schlagwort «Zeit ist Geld» ausdrückt.

Andererseits aber scheint er selbst wieder zum Sklaven der von ihm oder anderen festgesetzten Zeitdaten zu werden. Er steht unter Termindruck, fürchtet Zeitüberschreitungen oder – auch das hängt mit der menschengemachten Zeit zusammen – er fürchtet, mit seiner Zeit nicht Schritt halten zu können oder etwas Unzeitgemäßes zu tun oder ein Unternehmen zur Unzeit zu starten. So gilt doch auch für ihn wieder das Wort von Johann Gottfried Herder: «Die zwei größten Tyrannen der Erde: der Zufall und die Zeit.»[17]

39

Zeit und Fortschritt

Die gegenwärtige Einstellung zur Zeit kennzeichnet vor allem, daß der die «seßhaften Menschen» bestimmende Glaube an die lückenlose Determiniertheit der Welt und an einen dadurch vorbestimmten unaufhaltsamen Fortschritt inzwischen seine Grundlage verloren hat. Zwar scheint etwa die gesamte Beobachtungswissenschaft davon auszugehen, daß in der Natur kein unüberschaubarer Wirrwarr, keine völlige Regellosigkeit herrscht, daß – wie Leibniz sich ausdrückt – «die Natur niemals Sprünge macht», so daß nicht bald die eine, bald die andere, bald gar keine Regel gilt. Daraus folgt dennoch nicht das andere Extrem, daß nämlich die Regeln nie eine Ausnahme zuließen oder daß alles in eindeutig angebbarer Weise mit allem anderen zusammenhinge. Dazu kommt noch, daß wir diese unterstellte uneingeschränkte Regelmäßigkeit je nach dem Erklärungsschema oder dem Modell, mit dem wir an die Natur herangehen, anders in den Blick bekommen, so daß bei den selteneren Fällen einer «wissenschaftlichen Revolution» durch einen «Paradigmawechsel», d. h. durch die Heranziehung ganz neuer Erklärungsmuster, sich immer auch ungeahnt neuartige Gesetzmäßigkeiten ergeben.[18]

Der Glaube des Determinismus, nämlich daran, daß alles Geschehen ausnahmslos nach vorausberechenbaren Gesetzen notwendig abläuft, ist also überholt. Aber das hat sich offenbar noch längst nicht überall herumgesprochen, denn er hält sich in manchen Köpfen zäh bis in unsere Tage. Dafür lassen sich mehrere Gründe nennen, die zugleich die Bedeutung des Faktors «Zeit» für unser Denken beleuchten. Da ist zunächst die «Sickergeschwindigkeit» zu berücksichtigen, also die Zeit, die es braucht, bis eine Erkenntnis in die Breite «durchsickert»; dann aber auch der Widerstand, den die Gewohnheit ans Überkommene stets allem Neuen entgegensetzt – und der Determinismus war eine langgewohnte Überzeugung, die vom Beginn der Wissenschaft vor einigen tausend Jahren bis zum vorigen Jahrhundert noch zunahm. Der englische Wissenschaftstheoretiker D. W. Theobald meint dazu: «Die Vorstellung, daß der Fortschritt der Wissenschaft auf den Gleisen des deduktiven Schlußes rollt, hat eine lange und ehrwürdige Geschichte; aber es ist im Grunde doch einigermaßen überraschend, daß sie nach einem Jahrhundert radikaler Neuerungen in den Grundbegriffen der Wissenschaft immer noch verbreitet ist.» Und er weist auf die Mühe hin, die es bereitet, eine wissenschaftliche Umwälzung zu akzeptieren, wie sie etwa zu Beginn der Neuzeit die Einführung des kopernikanischen Weltbilds darstellte: «Man braucht bei solchen Dingen eine Beweglichkeit des Vorstellungsvermögens, die nicht lehrbar und nicht auf Regeln reduzierbar ist. Wenn wir das, was wir vor uns haben, in einem ganz neuen Licht sehen, müssen wir gleichzeitig auch unsere Erwartungen für die Zukunft revidieren und uns über die Vergangenheit erneut Rechenschaft ablegen – ein Prozeß des Umdenkens, der manchmal äußerst schmerzhaft sein kann.»[19]

Wenn wir aber bereit sein müssen, unsere Zukunftserwartungen jeweils zu überprüfen und zu korrigieren, dann verliert die Zukunft jene absolute Verläßlichkeit, die sie als möglichen Anker einer Weltanschauung tauglich macht, wie wir sie etwa im historischen Materialismus vorfinden. Ja alle Systeme, die auf Fortschritt bauen, sind durch die Aufgabe des Determinismus gefährdet und leisten demzufolge Widerstand gegen sein Verschwinden. Ich kann nämlich etwas nur dann als Fortschritt ausmachen, wenn ich die Richtung kenne, in der «fortgeschritten» werden soll. Ist mir diese aber nicht vorgegeben, weil die Zukunft nicht mehr deterministisch festgelegt ist, dann bleibt offen, was als Fortschritt gelten könnte und was nicht.

Gerade diese Folge des aufgehobenen Determinismus, nämlich die Entzauberung des Fortschrittsideals, hatte es schwer, sich durchzusetzen. Zu fest hatte man auf eine automatisch auf uns zukommende immer bessere Welt gesetzt, als daß ein bloß innerwissenschaftlicher Umbruch stark genug gewesen wäre, diese oft ungefaßte, manchmal aber auch ideologisch durchgebildete Weltanschauung des Fortschritts zu stürzen.

Erst als auch von anderer Seite der bisherige Fortschrittsoptimismus in Frage gestellt wurde, weil in den letzten drei Jahrzehnten zunächst durch Bücher wie «Silent Spring» von R. Carson, «World Dynamics» von J. Forrester und Mitarbeitern des «Club of Rome» oder «Die Grenzen des Wachstums» von D. Meadows auf die zunehmende Gefährdung der Umwelt, die drohende

Überbevölkerung und die vorhersehbare Erschöpfung der Rohstoffreserven hingewiesen wurde, gewann die theoretisch schon lange angebotene neue Auffassung der Wissenschaften an Breitenwirksamkeit. Auch daß für Spätbelehrbare deutlich hervortrat, wie der «real existierende Sozialismus» in seinen Herrschaftsbereichen ausgesehen hat, trug zum Schwinden des Glaubens an eine voraussagbare, gewiß bessere Zukunft bei.

Dies führte zu so erstaunlich naiven Feststellungen wie der, daß nicht alles Machbare auch getan werden dürfe, aber auch zu einem generellen Mißtrauen der Wissenschaft und Technik gegenüber, weil sie die in sie gesetzten hochgespannten Erwartungen enttäuschen mußten. Es führte ferner zu Spielarten von «Aussteigern» (wohl aus dem Zug der Zeit), die ihre Zukunft in der Vergangenheit suchen, oder im Extremfall zur puren Resignation, die sich im Schlagwort «no future» («keine Zukunft») ausdrückte, nur weil diese nicht mehr wie in einem gesicherten Automatismus immer noch bessere Zustände heraufführte, wie das ein Irrglaube lange von ihr angenommen hatte.

Diesen verschiedenen Varianten einer in Pessimismus umgekippten enttäuschten Zukunftsgewißheit entgeht man am ehesten, wenn man zunächst eine nüchterne Bestandsaufnahme dessen versucht, was bleibt. Und es bleibt bei weitem nicht nur Beklagenswertes. Vor allem bleibt ein von der Zukunft nun erst freigesetzter, auch der Zeit gegenüber emanzipierter Mensch. Freilich darf er nicht in trügerischer Sicherheit dem entgegenträu-

men, was kommt. Er kann es vor allem nicht mehr als
ausgemacht gelten lassen, was Fortschritt sei. Das wäre
vielmehr erst noch zu klären – und auch zu erarbeiten,
wie das geschehen soll, denn es kann nicht einmal als
feststehend betrachtet werden, daß sich das ein für alle-
mal angeben läßt. Der Fortschritt wechselt möglicherweise je nach der geschichtlichen Situation sein Gesicht;
da genügt es dann auch nicht – so richtig das ist – anzu-
geben, er müsse darin bestehen, mehr Menschlichkeit zu
garantieren; denn es wäre immer noch zu bestimmen,
worin die Menschlichkeit der jeweiligen Lage besteht.
Größere Wachheit, breites Interesse an weltanschau-
lichen und ethisch-philosophischen Fragen und vor
allem auch daran, wie diese Fragen in einer Demokratie
zu lösen seien – das sind Forderungen, die sich ergeben,
auch wenn sie weithin noch nicht erkannt sind.

Außerdem bleibt die zwar nicht völlig unangreifbare,
aber von den Wissenschaften als hinreichend vernünftig
zu erweisende Prognose für die großen Linien im weiteren Verlauf der Naturentwicklung. Einzelereignisse
oder komplexe Verläufe vorherzusagen ist schon weit
schwieriger. In einem noch größeren Maß jeweils nur
vorläufig aufzustellen und in ständiger Kontrolle verbes-
serungsbedürftig sind hingegen die Prognosen auf dem
Gebiet der gesellschaftlichen Entwicklung sowie auch
der Abläufe, die sich in der vom Menschen gestalteten
und beeinflußten Welt ergeben. Hier ist die Zukunft nur
kurzfristig eher zu vermuten als vorherzusagen; und
doch – oder wohl eher deswegen – muß sie unablässig

kreativ gesteuert werden, kurz: Die Zeit ist als Aufgabe zu begreifen.[20]

Fazit: Somit lassen sich in der Geschichte des Menschen drei wichtige Phasen der Entwicklung seiner Einstellung zur Zeit unterscheiden.

Da ist zunächst die weitaus längste Epoche, meist als Urgeschichte der geschichtlichen Zeit im engeren Sinn gegenübergestellt, deren Beginn vor einigen Jahrtausenden mit der Entwicklung der Schrift angesetzt wird und die kaum ein Prozent der Gesamtgeschichte der Menschheit ausmacht, deren Anfänge ohnehin kaum datierbar sind: «Die Aufspaltung Menschenaffe/Mensch liegt mindestens sieben bis acht Jahrmillionen zurück»; und als ältesten Menschen nimmt man oft den ‹Homo erectus› an, «hervorgegangen aus einem menschenähnlichen Typ Australopithecus, den er auf dem Wege zum heutigen Homo sapiens ablöste – vor etwa 1,3 Millionen Jahren.»[21] Der Frühmensch lebte als Sammler und Jäger ohne längerfristige Zeitplanung «in den Tag hinein».

Ihm folgte der seßhafte Mensch, für dessen Lebensweise es entscheidend war, die Zeit einteilen und die Zukunft vorausberechnen zu können. Er ging von einem zyklischen Ablauf der Zeit aus, für den das Zifferblatt der Uhr ebenso als Symbol stehen könnte wie der Kreislauf der Gestirne. Allerdings tauchte daneben bereits, etwa im prophetischen Erwarten einer heraufkommenden Heilszeit der alten Israeliten, auch eine lineare Sicht der Zeit auf, die wohl im Glauben an eine ständige Höherentwicklung und an den gesetzmäßigen Fortschritt in

45

Geschichte und Gesellschaft gipfelte, wie er die Moderne, besonders das vorige Jahrhundert, prägte. Diese verstand Vernunft als «Ratio» und sah als deren Hauptaufgabe Rationalisierungsprozesse auf allen Gebieten. «Diese Vernunft hat ihr eigenes Bild von Geschichte: Es ist das des Fortschritts, wie er vorgebildet ist im unaufhörlichen technischen und ökonomischen Fortschritt der modernen Gesellschaft. Die Vernunft – d. h. ihre Vertreter – verwechselt diesen unbezweifelbaren Fortschritt mit einem Fortschritt zum Besseren; sie meint, es handele sich um einen Fortschritt der Menschheit – zur Vernunft. In diesem Wortspiel klingt an, daß die Aufklärung von der Vernunft anderes und besseres erwartete als bloß technische, ökonomische und administrative Fortschritte: Abschaffung von Herrschaft und Wahn durch Abschaffung von Unwissenheit und Armut.»[22]

Daß gegen die so bestimmte Moderne ein «Postmodernismus» auftrat, ist für sich noch nicht hinreichend, von einer neuen Einstellung zur Zeit in der Gegenwart zu sprechen. Dennoch sind in der Diskussion im Namen der Postmoderne Argumente aufgetreten, die auf diese geänderte Zeitauffassung verweisen, nämlich die fehlende Gewißheit einer zwangsläufig heraufziehenden besseren Zukunft, von daher auch das Ende aller Avantgarde, da man nicht mehr Vorreiter sein kann, wenn der Gang der Zeit nicht mehr gesehen wird «als eine Einbahnstraße, die Ziel und Richtung vorschreibt und eine unerbittliche Logik der Entwicklung postuliert; statt dessen kommen ihre Widersprüche und Bedingtheiten stärker

ins Blickfeld, ihre Spannungen und die inneren Wider-
stände gegen ihre eigene, immer nur ‹vorwärts› gerich-
tete Dynamik.»[23]

Die Zeit geht auch in diesem Verständnis weiter, aber
es bleibt unbestimmt, wohin. Die Richtung zu bestimmen bleibt dem Menschen überlassen, der dieses riskante
Geschäft im Verfahren von «Versuch und Irrtum» ange-
hen muß. Nicht zufällig besinnt man sich dabei wieder
auf Mythen, die den Mängeln einer nur berechnenden
Vernunft abhelfen möchten.

Zu den Abbildungen der Seiten 49 bis 56:
Die Vorstellung vom zyklischen Ablauf aller Ereignisse nach
göttlichen Gesetzen ist alt: Der Gang der Gestirne
bestimmt den Lauf der Welt im Tierkreis von Dendera
(um Chr. Geburt; S. 49). S. 50: Das indische Rad
des Sonnengottes Surya (Mitte 13. Jh.) symbolisiert den achtstufigen
Weg zum Nirwana, d. h. zur Überwindung aller Zeitlichkeit.
S. 51: «Indem er tanzt, unterhält der Gott das Sein der Erscheinungen;
dann zerstört er alle Formen und Namen im Feuer und läßt sie wieder
ruhen»: Der Gott Shiva vereint in sich Erschaffung, Erhaltung und Zerstörung.
S. 52/53: Der aztekische Kalenderstein (1479) zeigt die Geschichte
des Universums: Im Zentrum der Sonnengott, das Weltzeitalter,
dem bereits vier frühere vorausgingen.
S. 54/55, 56: Auch im christlichen Abendland wurde die Zeit
nach Tierkreisabschnitten unterteilt (Handschriften des Mittelalters, Italien).

BILDER VON DER ZEIT

Die Zeit in der Mythologie

«Vor Zeiten», nämlich vor mehr als zweieinhalb Jahrtausenden, pflegten sich die Menschen ihren und der Welt Ursprung allein in mythischen Bildern vertraut zu machen. Bei den Griechen erzählte man etwa, der Himmel und die Erde hätten miteinander Hochzeit gehalten, und daraus seien die Titanen entsprossen, darunter Kronos und Rhea; dieses Geschwisterpaar habe dann den Zeus und andere griechische Götter gezeugt. Kronos selbst galt auch als Gott der Zeit; das mag einmal daher rühren, daß sein Name ganz ähnlich klang wie «chronos», das griechische Wort für Zeit, das bei uns noch in «Chronometer», dem «Zeitmesser», aber auch in Ausdrücken wie «Chronik», «Chronist», «chronisch» und «synchron» weiterlebt. Zum anderen aber schrieb man Kronos Taten zu, die an das Wirken der Zeit erinnern. So habe dieser Titan, von seiner Mutter, der Erde gedrängt, seinen Vater, den Himmel, entmannt. Das ließe sich als Bild dafür lesen, wie das Irdische mit Hilfe der Zeit den Himmel seiner Kraft beraubt. Deutlicher wird Kronos als die Zeit erkenntlich, wenn berichtet wird, er habe eines seiner Kinder nach dem andern verschlungen: ein treffendes Gleichnis dafür, daß die Zeit alles, was sie hervorbringt, schließlich auch wieder vertilgt. Die Zeit zeitigt also nur Vergängliches. Wenn es in Goethes «Faust» aber heißt: «Alles Vergängliche ist nur ein Gleichnis» und dies alles Zeitliche trifft, so stehen wir vor der Frage «Gleichnis wofür?» Das jedenfalls prägt sich als erstes Merkmal der Zeit ein: Zeit tritt als Vergänglichkeit auf.

Als dann das Denken langsam die Bilder der Mythen blasser und abstrakter werden ließ, setzten manche den «Chronos», die personifizierte Zeit, als das eine Urprinzip des Weltganzen an, der zusammen mit der unentrinnbaren Notwendigkeit alles beherrsche. So läßt noch Goethe seinen Prometheus dem Zeus trotzig entgegenrufen: «Hat nicht mich zum Manne geschmiedet/Die allmächtige Zeit/Und das ewige Schicksal,/Meine Herrn und deine?»

Als das zweite Kennzeichen der Zeit kann also ihre Unerbittlichkeit angesehen werden.

Und als dann die ersten Philosophen den überlieferten mythischen Erzählungen ihre eigenen Gedanken über die Ursprünge der Welt entgegenstellten, fahndeten sie wieder nach dem, was das Werden und Vergehen bestimmt. Naturphilosophen nannte man sie, und sogar «Physiker», aber das deshalb, weil man «physis» und «natura» in ihrer originären Bedeutung verstand, wonach «physis» Erzeugen, Entstehen und Wachsen besagt und «natura» Hervorbringung und Geburt. So hielt Thales (624–546 v. Chr.), der «erste Philosoph», das Wasser für den Urgrund von allem, und der schon genannte Anaximander, ein weiterer Bahnbrecher für die Philosophie, lehrte: «Woraus aber die Seienden ihr Entstehen haben, dahinein finde auch ihr Vergehen statt, wie es sein muß. Denn sie erstatten einander gebührende Sühne und Buße nach der Anordnung der Zeit.»[24]

Was den Vorzug erhält, entstehen zu dürfen, heißt das, muß dies ausgleichen, indem auf seine Kosten dann wieder anderes im Lauf der Zeit an die Reihe kommt, sich zu entwickeln.

Eine dritte Eigenheit der Zeit ist demnach die ständige Veränderung. Heraklit, der um 500 v. Chr. lehrte und der einer der herausragenden Nachfolger des Anaxagoras war, widmete sein Denken vorrangig diesem steten Wechsel in der Welt. Seine Auffassung wurde später auf die berühmte Formel «Panta rhei» («Alles fließt») gebracht. Sie findet sich etwa in folgendem Fragment: «Es ist nicht möglich, zweimal in denselben Fluß zu steigen, und nicht ein sterbliches Wesen gleichen Zustands zweimal zu berühren,/sondern in ungestümen und schnellem Wandel/zerstreut es sich und vereinigt sich wieder/und kommt und geht.»[25]

«Ach, und in demselben Flusse/Schwimmst du nicht zum zweitenmal», heißt es in Goethes Gedicht «Dauer im Wechsel». Ein weiteres Bild der Zeit ist folglich der unaufhaltsame Strom.

Der «Strom der Zeit»

Knüpfen wir an diesem Bild an und überbrücken so die zweieinhalb Jahrtausende von Heraklit bis heute[26]: Nimm an, du wärest in eine fremde Welt versetzt. Du fändest dich auf einem hohen Aussichtsberg, von dem aus du auch Dinge, die sich in der Ferne abspielen, noch in aller Klarheit sehen und vernehmen könntest. An seinem Fuße – so stelle dir vor – böte sich dir nun folgendes faszinierendes Schauspiel: Ein mächtiger, kaum zu überblickender Fluß rauscht da vorüber mit einer reißenden Strömung, der nichts widersteht. Eigenartig ist sein gegenüberliegendes Ufer; es dämmt die Fluten nicht ein, sondern es fällt ab in unzählige torgroße und abgrundtiefe schwarze Höhlen und Löcher; in diese schießen, ohne daß sich die Wassermassen des Hauptstromes merklich mindern, überall gurgelnde Sturzbäche hinein und verschwinden. Nirgends stockt das gleichmäßige Fließen. Aber an manchen Stellen ist die Oberfläche glatt und spiegelt den heiteren Himmel ungebrochen; anderswo indes fahren die Blitze und Sturmböen aus Gewitterwolken herunter, und dunkle Wogen mit weißen Kronen schwappen empor, klatschen zurück und peitschen das Treibgut zu einem wilden Tanz. Denn vielerlei spült der Fluß mit sich.

Unübersehbar fällt aber vor allem eine Unzahl von Booten und Flößen in die Augen, die auf ihm dahintreiben und von denen alle Augenblicke eine Menge in die Seitenhöhlen hinabgerissen werden, spurlos untertauchend, höchstens daß noch hie und da ein Sitzkissen oder eine Planke, auf der manchmal noch der Bootsname eine Zeitlang lesbar bleibt, weitergewirbelt werden.

Der Strom selbst verliert sich dann in einer Nebelbank, die seinen weiteren Verlauf deinen Blicken entzieht. Nur aus der Ferne klingt bisweilen der schwache Hall eines vermutlich gewaltigen Tosens heran, das erahnen läßt, daß endlich auch der ganze Fluß in einem Abgrund verschlungen wird.

Auf den Booten und Flößen aber, deren Zahl eher zuzunehmen scheint, obwohl sie alle nur eine kurze Strecke mitgeschwemmt werden, bevor sie über das Ufer in die schwarzen Löcher stürzen, sitzen die Menschen starr nach rückwärts gewandt, wie das bei Ruderern ohne Steuermann üblich ist. Und wenn sie versuchen, über die Schultern nach vorn zu blicken, erhaschen sie höchstens aus den Augenwinkeln einen sehr verschwommenen Eindruck dessen, was da unmittelbar hinter ihrem Rücken auf sie zukommt. Sie vermögen sich jedoch wohl in einem Punkt zweifelsfrei ein völlig zutreffendes Bild von dem zu machen, was sie erwartet. Selbst wenn sie nämlich das ferne Brausen des Wasserfalls nicht vernähmen, in dem der Fluß schließlich als ganzer untergeht, so sehen sie doch, rückwärts gewandt, wie alle Gefährten hinter ihnen ausnahmslos in die Seitenabgründe hinabgesogen werden, wie deren verzweifeltes Wehren gegen diesen Sog nichts ausrichtet – und sie spüren auch, wie das eigene Fahrzeug unaufhaltsam in gleicher Weise zum alles verschlingenden Ufer gezogen wird.

Um so seltener dünkt ihr Benehmen. Sie scheinen sich kaum um ihr unabwendbares Schicksal zu kümmern — vielleicht weil es ihnen nicht vor den Augen liegt und sie es immer nur an den anderen wahrnehmen? Jedenfalls ist ihre Sorge allerlei anderem zugewandt. Der eine sucht seinen Sitz behaglich einzurichten; ein zweiter rammt seinen Nachbarn, will ihn verdrängen, da ihm dessen Fahrbahn besser erscheint; der dritte blickt angestrengt zurück, wohl weil er dort etwas verloren hat, vielleicht sogar einen Freund oder Verwandten; der vierte redet auf die anderen laut ein, daß der Fluß bald durch eine weit lieblichere Gegend führen werde als diese; besonders ältere versuchen auch, der Trift entgegenzusteuern, die sie mit immer stärkerer Gewalt zu den Schlünden am Flußrand zwingt, in die bisweilen ein jäher Strudel unversehens selbst Boote aus der Mitte des Stromes hinausschleudert. Zuletzt bleibt jedoch all dies Mühen vergeblich, mit dem sie sich diesem Schicksal zu entziehen trachten; alle versinken, und keiner, selbst wenn er noch einmal kurz auftaucht, kehrt aus dem unergründlichen Rachen zurück, der ihn verschluckt.

Das Bild erscheint dir kaum mißverständlich. Der Strom stellt die Zeit vor; und die dunklen Torschlünde, in denen die Lebensschiffe der Menschen untergehen, stehen für den Tod, dem keiner entrinnt. Der Strom der Zeit aber fließt unter allen und schließlich über sie alle hinweg unaufhaltsam weiter.

Auch Theologen vergleichen das Menschenleben mit einem Strom: «Die Wirklichkeit ist so gebaut, daß sie das

Heil ganz findet, wenn sie es erreicht. Am Ende ist in der endgültigen auch die umfassende Entscheidung gelungen. Der Strom des Lebens kann viele Umwege machen; er hat kein Wasser verloren (– wohin sollte es auch versickert sein, wenn doch die ‹Vergangenheit› des Geistes letztlich nicht das Gewesene, sondern das Gewordene und Bewahrte ist? –), wenn er ankommt; er mündet mit allem im Meer der Endgültigkeit . . . weil das ganze Leben sich aufbahrt, indem es sich aus seiner leeren Zukunft in eine Vergangenheit hineinholt, die vor Gott gültige Gegenwart ist. Es ist in einem viel tieferen Sinn wahr, was das Sprichwort sagt: Ende gut, alles gut, als man gewöhnlich damit sagen will. Aber wir wissen eben nicht, ob das Ende gut ist. Und wir müssen mit Furcht und Zittern unser Heil wirken, denn wir können es nur ganz verlieren oder ganz gewinnen.»[27]

VOM UMGANG
MIT DER ZEIT

Die Zeit bedenken!

Wer sich nun wundert: «Warum befaßt sich denn keiner ernsthaft mit Zeit und Vergänglichkeit und mit dem menschlichen Ende – mit dem vor allem, was am Boden des tödlichen Abgrundes lauert oder wartet?», der muß zugestehen, daß es Ausnahmen gibt. Der eine oder andere beschäftigt sich schon ausführlich damit. Das belegen nicht zuletzt die hier angeführten Texte. Die vielen aber, die zwar auch gelegentlich in ihrem Denken und Ahnen an Zeit und Vergänglichkeit, an Tod und Endgültigkeit und Ewigkeit anstoßen, sich aber sogleich zurückziehen wie die Hörner einer Schnecke, an die man rührt, die haben ihre Entschuldigung. Was der Mensch nicht bewältigt und doch nicht umgehen kann, das sucht er zu verdrängen. Und was da vor uns liegt, dessen vermögen wir weder im Denken noch in unserem Tun Herr zu werden. Die Zeit begreifen wir nicht, und die Gegenwart bildet nur die Grenze zwischen dem einen Nichts und dem andern – und das Ganze nennen wir Zeit:

gewiß schwer auszudenken. Und dagegen, daß alles vergeht, richtet keine Mühe «auf Dauer» etwas aus.

Aber der Tod, das Ende unserer Zeit? Versuchen wir doch einmal, uns vorzustellen, daß wir nicht mehr sind! «Wenn man mich fragen würde: ‹Wirst du aufhören zu existieren?›, wäre ich verwirrt und wüßte nicht genau, was das bedeuten sollte», sagt Ludwig Wittgenstein[28]. Auch am Tod gerät unser Überlegen und unser tätiges Planen an seine Grenzen. Und erst die Ewigkeit? Ist sie uns mehr als ein «Donnerwort» (Johann Rist), das all unsere Vorstellung zerschlägt? So scheint fast die Denkaufgabe zu schwierig, sich «Zeit – Tod – Ewigkeit» vorzunehmen. Sagen wir nicht besser gleich: «Das ist mir zu hoch – oder zu tief!»?

Aber wir können unsere Gegenwart nicht verstehen, wenn wir nicht bedenken, daß sie vergeht, unser Leben nicht, wenn wir beständig den Tod ausklammern, die ganze Welt nicht, wenn wir nicht immer wieder nach dem Endgültigen fragen.

Freilich, der Alltag, die unablässigen Forderungen der Stunde hindern uns oft. Wir Menschen haben doch ständig eine Uhrmacherlupe vor das Auge unseres Geistes geklemmt, die uns scharfsichtig macht für das, was uns vor der Nase liegt, und blind für die Weite.

Kurzsichtigkeit ist die verbreitetste Geisteskrankheit, die nicht behandelt wird, weil sie «normal» ist. Und das Alltägliche fördert die Erkrankung. «Für Menschen ist das Ewige, Wichtige, oft durch einen undurchdringlichen Schleier verdeckt. Er weiß: Da drunten ist etwas, aber er sieht es nicht. Der Schleier reflektiert das Tageslicht», sagt wiederum Wittgenstein in seinen «Vermischten Bemerkungen».[29]

Damit wir uns richtig verstehen: Daß wir eine Nahsichtlupe tragen, um genauer zu sehen, was die unmittelbar vorliegende Aufgabe des Tages ist, darin liegt noch keine Krankheit. Aber wenn wir sie nie ablegen, wird unsere geistige Sehfähigkeit verkümmern, ebenso wie unsere Wachheit verdämmert, unsere Fragelust einschläft, wenn wir nie versuchen, den Schleier zu lüften, der über dem Wichtigen liegt. Wir dürfen uns auch nicht mit sogenannten wissenschaftlichen Detailfragen totfüttern lassen. Hören wir noch einmal auf Wittgenstein: «Wir fühlen, daß selbst, wenn alle möglichen wissenschaftlichen Fragen beantwortet sind, unsere Lebensprobleme noch gar nicht berührt sind» (Tractatus, 6.52).

Gönnen wir uns also von Zeit zu Zeit den Aufstieg aus den Niederungen des Alltags auf den Aussichtsberg über den Strom der Zeit und verschaffen uns einen Überblick! Gleichsam als Steighilfen für diesen Höhenweg sind hier einige Überlegungen über die Zeit angeboten, dazu im folgenden etliches, was andere über die «Zeit», und zwar über die Zeit hinaus, gedacht haben. Als Denkanstöße sind diese Beiträge gemeint; wie selten sonst gilt nämlich hier Kants Gebot der Aufklärung: «Habe Mut, dich deines eigenen Verstandes zu bedienen!»[30] Mut brauchen wir. Denn «der Sonne und dem Tode kann man nicht unverwandt ins Antlitz sehen» (La Rochefoucauld). Aber niemand kann es sich ersparen,

Zeit und Vergänglichkeit zu bedenken, wenn er «er selbst» bleiben will. Du mußt selbst denken, wie du selbst sterben mußt – wenn du selber leben willst.

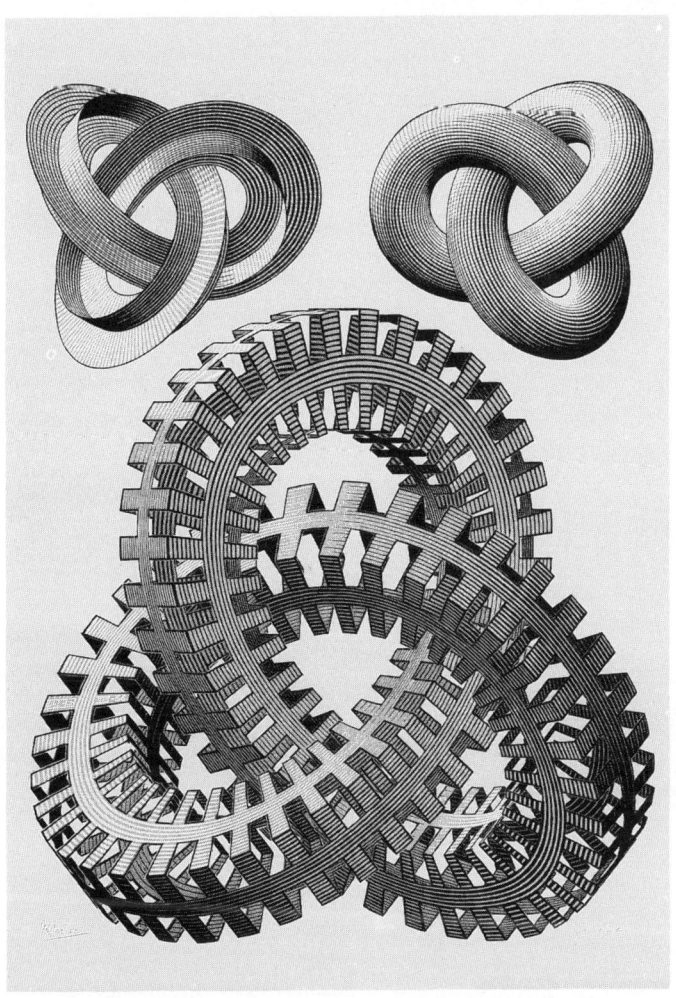

70

GEDANKEN ZUR ZEIT

Was bedeutet «Zeit»?

Ein Zugang zum vielfältigen Sinn von «Zeit» erschließt sich, wenn man zunächst einmal erkundet, in welchen Bedeutungen das Wort «Zeit» im Deutschen verwendet wird. Daß es sich als äußerst vieldeutig erweist, ist nicht verwunderlich bei diesem unfaßlichen Thema. Einige unterschiedliche Anwendungsbereiche des Begriffs lassen sich in der Umgangssprache zwar voneinander abheben, allerdings häufig nicht deutlich gegeneinander abgrenzen. Sie sollen aber dennoch zur Gliederung der zitierten Denkanstöße dienen:

1. Die Zeit allgemein: Der Ablauf-«horizont» aller Ereignisse – und wie wir diese Aufeinanderfolge erleben; der Strom der Zeit als Bild der Vergänglichkeit.

Dabei kann (a) die Zeit unbestimmt gelassen werden. So faßt man etwa die Welt als Gesamtheit alles dessen, was «in Raum und Zeit» existiert und geschieht. Folgende Wendungen bringen diese Vorstellung zum Ausdruck: «im Laufe der Zeit»; «die Zeit scheint still zu stehen»; «Kinder, wie die Zeit vergeht».

Oder sie kann (b) als Folge wechselnder «Zeitphasen» gesehen werden: die Tageszeit, Jahreszeit, die (auch grammatische) Zeit (Vergangenheit, Gegenwart, Zukunft). In diesen Zusammenhang gehört auch die etwas altertümliche Form für «grüßen» – «jemandem die Zeit bieten», weil man ihm damit eine gute (Tages-)Zeit wünscht: «Guten Abend», «Guten Tag» usf.

2. Die Zeitspanne; die Frist, die meßbare und bemessene Zeit. Der Zeit-Abschnitt, der einem zur Verfügung steht, den man braucht und abmißt. Es ist jeweils «meine» Zeit, die meines Lebens oder die für eine bestimmte Unternehmung angesetzte. Beispiele dafür sind: «Er läßt sich Zeit»; «das ist ein zeitraubendes Unternehmen»; «er lief über 5000 Meter Jahresbestzeit»; «dazu fehlt mir leider die Zeit»; «das Perserreich hielt sich über eine erstaunlich lange Zeit».

Hier und in den folgenden Beispielen vor allem treffen wir auf die Zeit, mit der man recht umzugehen hat.

3. Der Zeitpunkt; die rechte Zeit; der Termin oder Augenblick. Beispiele: «Die Zeit ist noch nicht gekommen»; «die telefonische Zeitansage»; «die Entscheidung wurde auf einen späteren Zeitpunkt verschoben»; «zur Zeit geht das nicht»; «es ist höchste Zeit».

4. Die Epoche, die Ära, das Zeitalter; der vielen gemeinsame Zeit-raum, insbesondere die Gegenwart. (In diesem Bedeutungsbereich, sonst gelegentlich noch bei gemessenen Zeitspannen, bildet man auch den Plural: «Die Zeiten ändern sich»). Wir unterscheiden dabei die Epoche, z. B. Steinzeit; «die Zeit Goethes»; «die gute alte

Zeit»; «das waren noch Zeiten», und die beherrschende Zeit, die jeweilige Gegenwart: «zur Zeit»; «mit der Zeit gehen»; auch: «zu seinen besten Zeiten».

Die folgenden Zitate zur «Zeit» sind nach deren vier Hauptbedeutungen angeordnet: 1. Zeit als der endlos vorüberfließende Hintergrund von Werden und Vergehen; 2. die Zeit als die einer Person, einer Sache oder einem Geschehen zugemessene Frist; 3. Zeit als der rechte Zeitpunkt; 4. Zeit als gemeinsamer, aber begrenzter Zeitraum, als jeweilige Gegenwart.

Die Texte sind nicht als Ersatz für das eigene Nachdenken, sondern als Denkanstöße zu verstehen, auch um uns vor Augen zu führen, wie vielfältig man sich mit der Idee «Zeit» auseinandersetzen kann, ohne daß diese Vielfalt damit erschöpfend dargestellt wäre. Will man der nachgehen, dann empfiehlt es sich dort, wo die Zitate aus einem größeren Zusammenhang entnommen sind, diesen Kontext nachzulesen oder die erwähnte Literatur zu beachten. Man mag auch überlegen, welche Aussagen zur «Zeit» einem selbst einfallen, denn etliche geläufige – wie etwa: «Die Zeit heilt alle Wunden» – sind hier nicht aufgeführt, da ohnehin die Absicht nicht sinnvoll (weil unerfüllbar) scheint, eine vollständige Sammlung aller wichtigen Texte zur Zeit anzubieten.

Denn nicht nur die Zeit, auch was Menschen darüber gedacht haben, läßt sich nicht fassen.

Daher sollte uns beim Nachdenken über die Zeit anhand dieser Texte weniger die Frage leiten: «Was besa-

gen sie über die Zeit?», sondern vielmehr diese: «Was bedeutet mir persönlich die Zeit, wenn ich – durch diese
Zitate angeregt – über sie nachsinne?»

Der Strom des Werdens und Vergehens

Bereits die folgenden Texte zur Zeit lassen überdies erkennen, daß hier nicht mit jener Absicht zitiert werden
kann, die Wagner im «Faust» kundtut:

«Zu schauen, wie vor uns ein weiser Mann gedacht
Und wie wir's dann so herrlich weit gebracht.»

Es zeigt sich nämlich beim Vergleich dieser Texte, daß
man kaum unterstellen kann, es gebe im Verständnis der
Zeit einen Fortschritt vom Altertum bis heute, so daß
wir es darin «so herrlich weit gebracht» hätten. Bis dahin
reicht die Macht der Zeit nicht, daß alles Alte veraltet
wäre, immer überholt vom besseren Neuen. Das Einge-
ständnis von Augustinus, bei allem Wissen über die Zeit
könne er nicht sagen, was sie sei, wird nicht überboten,
sondern bestätigt und ergänzt durch die Aussage Hof-
mannsthals, die Zeit sei «ein sonderbares Ding», wie
durch die Feststellung Thomas Manns, sie sei «ein Geheimnis». Aus diesen Texten spricht die Unfaßlichkeit
der Zeit und des Vorübergehens. Diese zeigt sich auch in
dem bei Dichtern beliebten Bild von der Zeit als Strom

oder fließendem Wasser, das bereits in den oben angeführten Zeitmythen erwähnt wurde und nun in weiteren
Textbeispielen vorgestellt wird.

Wo immer wir etwas fassen, in den Griff bekommen
wollen, sind wir aber darauf angewiesen, daß es uns
nicht immerfort entgleitet. Unsere Sprache verrät das.
Wir fragen, ob etwas «feststehe», wenn wir uns einer
Tatsache vergewissern wollen. Möchten wir etwas genauer in Augenschein nehmen, dann «fixieren» wir es
mit den Augen. Und falls wir einen Sachverhalt untersu-
chen wollen, treffen wir «Feststellungen» darüber. Dem
allen entzieht sich die Zeit, da sie unaufhaltsam vorüber-
fließt. Sie läßt sich daher nicht so in einem – ihr gegenüber immer unvermeidlich starren – Begriff einfangen,
daß wir sie in ihm gespeichert hätten; vielmehr brauchen
wir Bilder, die sich auf unser Zeiterlebnis oder unsere
Zeitvorstellung beziehen. Darin aber dominiert der Eindruck des unerbittlichen Vergehens, und selbst die hei-
lende Wirkung der Zeit scheint vor allem darauf zu beruhen, daß in ihr auch Übel und Leid nicht überdauern.
Daß die Zeit – quer durch die Zeiten – als Grund zur
Trauer, aber auch als Tröstung empfunden wird, belegen
weitere Texte. Den Schluß bildet ein Gedicht, das auch
den «Mythos Zeit» dem Verfall ausgesetzt sieht.

*«Was also ist die Zeit? Wenn es mich niemand fragt, weiß ich es.
Wenn ich es aber einem, der mich fragt, erklären möchte, weiß
ich's nicht. Dennoch sage ich zuversichtlich, ich wisse, wenn
nichts verginge, gäbe es keine Vergangenheit, und wenn nichts her-*

*käme, gäbe es keine Zukunft, und wenn nichts wäre, gäbe es keine
Gegenwart. Wie aber sind diese beiden Zeiten, die vergangene und
die zukünftige, wenn die Vergangenheit nicht mehr und die Zukunft noch nicht ist? Die Gegenwart aber, wenn sie immer gegen-
wärtig wäre und nicht in die Vergangenheit überginge, wäre schon
nicht mehr Zeit, sondern Ewigkeit. Wenn also die Gegenwart,
damit sie Zeit sei, dies dadurch wird, daß sie in die Vergangenheit übergeht, wie können wir von ihr sagen, sie sei, da sie doch
darin ihren Grund hat, zu sein, daß sie nicht mehr sein wird – so
daß wir in Wahrheit nur deshalb sagen, die Zeit sei, weil sie
dahin strebt, nicht mehr zu sein.»*

AUGUSTINUS VON HIPPO, «Bekenntnisse»

«Marschallin:
. . . Die Zeit im Grund, Quin-quin, die Zeit,
die ändert doch nichts an den Sachen.
Die Zeit, die ist ein sonderbares Ding.
Wenn man so hinlebt, ist sie rein gar nichts.
Aber dann auf einmal,
da spürt man nichts als sie:
sie ist um uns herum, sie ist auch in uns drinnen.
In den Gesichtern rieselt sie, im Spiegel da rieselt sie,
in meinen Schläfen fließt sie.
Und zwischen mir und dir da fließt sie wieder.
Lautlos, wie eine Sanduhr.
O Quin-quin!
Manchmal hör ich sie fließen, unaufhaltsam.
Manchmal steh' ich auf mitten in der Nacht,
und laß die Uhren alle stehen.

Octavian:
Mein schöner Schatz, will Sie sich traurig machen mit Gewalt?
Marschallin:
Allein man muß sich auch vor ihr nicht fürchten.
Auch sie ist ein Geschöpf des Vaters,
der uns alle erschaffen hat.»
HUGO VON HOFMANNSTHAL, «Der Rosenkavalier»

«Die Sanduhren erinnern nicht bloß an die schnelle Flucht der
Zeit, sondern auch zugleich an den Staub, in welchen wir einst
verfallen werden.»
GEORG CHR. LICHTENBERG, «Aphorismen»

«Was ist die Zeit? Ein Geheimnis — wesenlos und allmächtig.
Eine Bedingung der Erscheinungswelt, eine Bewegung, verkop-
pelt und vermengt dem Dasein der Körper im Raum und ihrer
Bewegung. Wäre aber keine Zeit, wenn keine Bewegung wäre?
Keine Bewegung, wenn keine Zeit? Frage nur! Ist die Zeit eine
Funktion des Raumes? Oder umgekehrt? Oder sind beide iden-
tisch? Nur zu gefragt! Die Zeit ist tätig, sie hat verbale Be-
schaffenheit, sie ‹zeitigt›. Was zeitigt sie denn? Veränderung!
Jetzt ist nicht Damals, Hier ist nicht Dort, denn zwischen bei-
den liegt Bewegung. Da aber die Bewegung, an der man die Zeit
mißt, kreisläufig ist, in sich selber beschlossen, so ist das eine Be-
wegung und Veränderung, die man fast ebensogut als Ruhe und
Stillstand bezeichnen könnte; denn das Damals wiederholt sich
beständig im Jetzt, das Dort im Hier. Da ferner eine endliche
Zeit und ein begrenzter Raum auch mit der verzweifeltsten
Anstrengung nicht vorgestellt werden können, so hat man sich

entschlossen, Zeit und Raum als ewig und unendlich zu ‹denken›
– in der Meinung offenbar, dies gelinge, wenn nicht recht gut, so
doch etwas besser.»
THOMAS MANN, «Der Zauberberg»

«*Alles entführet die Zeit; die flüchtigen Jahre verändern
Ganz allmählich Gestalt, Namen und Glück und Natur.*»
PLATON, Vers XXXI

«*Eheu, fugaces, Postume, Postume, labuntur anni.*»
«*Ach, Postumus, Postumus, flüchtig gleiten die Jahre dahin.*»
HORAZ, «Oden»

«*Die Zeit geht nicht, sie stehet still.
Wir ziehen durch sie hin;
Sie ist eine Karawanserei,
Wir sind die Pilger darin.*

*Ein Etwas, form- und farbenlos,
Das Gestalt gewinnt,
Wo ihr darin auf und nieder taucht,
Bis wieder ihr zerrinnt.*

*Es blitzt ein Tropfen Morgentau
Im Strahl des Sonnenlichts;
Ein Tag kann eine Perle sein
Und ein Jahrhundert nichts.*»
GOTTFRIED KELLER, «Die Zeit geht nicht»

Einziger Daseinszweck der Raupe · das Wachstum.

Der geheimnisvolle Zauber, der die Schmetterlinge umgibt,
hat Japaner und Chinesen fasziniert. Sie glaubten in ihnen die Seelen
ihrer Verstorbenen zu erkennen – in den zarten Faltern,
die sich den Blicken der Lebenden immer nur kurz zeigen:

Auf rosigem Reis
Ruht ein Schmetterling weiß
Sommerallein:
Wessen Geist mag er sein?

Der Puppenpanzer, Schutz des heranreifenden Falters.

Durch eine Schlupfwespe angestochene Puppe.
Ein natürlicher Feind: die Schlupfwespe.

Der schlüpfende Schwalbenschwanz.

Das Mahl ist bereitet.

«Von euch habe ich mehr gelernt
als aus den Schriften der Brahmanen»,
sagte Buddha in seiner letzten Predigt,
die an die Schmetterlinge gerichtet war.
Der Falter, der nach etlichen Verpuppungen
endlich ins Licht aufsteigt – ein Sinnbild
für die Wiedergeburt zu einem höheren Sein.

«Einszweidrei, im Sauseschritt
läuft die Zeit; wir laufen mit.»
WILHELM BUSCH, «Julchen»

«Oben, geräuschlos, *die*
Fahrenden: Geier und Stern.

Unten, nach allem, wir,
zehn an der Zahl, das Sandvolk. Die Zeit,
wie denn auch nicht, sie hat
auch für uns eine Stunde, hier,
in der Sandstadt.

(Erzähl von den Brunnen, erzähl
von Brunnenkranz, Brunnenrad, von
Brunnenstuben – erzähl.

Zähl und erzähl, die Uhr,
auch diese, läuft ab.

Wasser: welch
ein Wort. Wir verstehen dich, Leben.)
. . .
Oben, die
Fahrenden
bleiben
unhörbar.»
PAUL CELAN, «Oben, geräuschlos»

«Dreifach ist der Schritt der Zeit:
Zögernd kommt die Zukunft hergezogen,
pfeilschnell ist das Jetzt entflogen,
ewig still steht die Vergangenheit.»
FRIEDRICH SCHILLER, «Sprüche des Konfuzius»

«In Lebensfluten, im Tatensturm
Wall' ich auf und ab,
Webe hin und her!
Geburt und Grab,
Ein ewiges Meer,
Ein wechselnd Weben,
Ein glühend Leben,
So schaff' ich am sausenden Webstuhl der Zeit
Und wirke der Gottheit lebendiges Kleid.»
J. W. v. GOETHE: «Faust, Erster Teil»

«Doch uns ist gegeben,
An keiner Stätte zu ruhn,
Es schwinden, es fallen
Die leidenden Menschen
Blindlings von einer
Stunde zur andern,
Wie Wasser von Klippe
Zu Klippe geworfen,
Jahrelang ins Ungewisse hinab.»
FRIEDRICH HÖLDERLIN, «Hyperion oder der Eremit
in Griechenland

«Mein oft bestürmtes Schiff, der grimmen Winde Spiel
Der frechen Wellen Ball, das schier die Flut getrennet,
Das über Klipp auf Klipp und Schaum und Sand gerennet,
Kommt vor der Zeit an Port, den meine Seele will.
Oft, wenn uns schwarze Nacht im Mittag überfiel

Hat der geschwinde Blitz die Segel schier verbrennet.
Wie oft hab ich den Wind und Nord und Sud verkennet!
Wie schadhaft ist der Mast, Steur, Ruder, Schwert und Kiel!

Steig aus, du müder Geist! steig aus! wir sind am Lande.
Was graut dir vor dem Port? jetzt wirst du aller Bande
Und Angst und herber Pein und schwerer Schmerzen los.

Ade, verfluchte Welt! du See voll rauher Stürme!
Glück zu, mein Vaterland! das stete Ruh im Schirme
Und Schutz und Frieden hält, du ewig lichts Schloß.»
ANDREAS GRYPHIUS, «An die Welt»

«Des Menschen Seele
Gleicht dem Wasser;
Vom Himmel kommt es,
Zum Himmel steigt es,
Und wieder nieder
Zur Erde muß es,
Ewig wechselnd.»
J. W. v. GOETHE, «Gesang der Geister über den Wassern»

«‹Ihr, die ihr auftauchen werdet aus der Flut
In der wir untergegangen sind› . . .
Auch romantisches Strandgut schwemmt bei mir an

Metapherntriefendes Treibholz der Revolution
Auf Messingschildern noch immer die großen Namen
Des 19. Jahrhunderts. Am Wrack noch ahnt man
Das Schiff. Die gesunkenen Planken berichten
Von der abgesoffenen Mannschaft. Der verrottete Hanf
Faselt noch immer von schiffebezwingenden Tauen
Ja, aufgetaucht sind sie aus der Flut, in der ihr
Untergegangen seid und sehn nun kein Land . . .»
WOLF BIERMANN, «Brecht, deine Nachgeborenen»

«Die Zeit heilt die Schmerzen und die Streitigkeiten, weil man
sich verändert. Man ist nicht mehr der Gleiche. Weder der
Beleidiger noch der Beleidigte sind mehr sie selbst. Es ist
wie bei einem Volk, das man gereizt hat und das man nach
zwei Generationen wiedersieht: es sind noch immer die
Franzosen, aber nicht dieselben.»
BLAISE PASCAL, «Gedanken»

«Die Zeit eilt und weilt,
sie teilt und heilt.»
SPRUCHWEISHEIT

«Erscheint dir etwas unerhört,
bist du tiefsten Herzens empört,
bäume nicht auf, versuch's nicht mit Streit,
berühr es nicht, überlaß es der Zeit.
Am ersten Tag wirst du feige dich schelten,
am zweiten läßt du dein Schweigen schon gelten,
am dritten hast du's überwunden,

alles ist wichtig nur auf Stunden.
Ärger ist der Zehrer und Lebensvergifter,
Zeit ist Balsam und Friedensstifter.»
THEODOR FONTANE, «Überlasse es der Zeit»

«Kaum hat die Zeit über eine Affäre Gras wachsen lassen,
kommt ein Kamel und frißt es wieder ab.»
VOLKSMUND

«Der Mythos Zeit zerbricht in Scherben
Die Vögel trauern sanft im Wind
Du hast den Kerker dir erwählt
Daß niemals soll die Wahrheit sterben

Du weinst und bist dem Traum vermählt
Die Vögel trauern sanft im Wind
Der Mythos Zeit zerbricht in Scherben.»
HORST BIENEK, «Der Mythos Zeit»

Die Zeitspanne, die Frist, die Lebenszeit

Die Zeit läßt sich einteilen, ja sie ist gut meßbar, weil sie
ausgefüllt ist mit Bewegungen und Veränderungen; in
diesem steten Wandel lassen sich Regelmäßigkeiten ent-
decken, die uns gestatten, die Zeit zu gliedern. So können wir mit ihr umgehen. Aber sie ist auch eingeteilt und
zugemessen, insofern Naturprozesse unabhängig von

unserem Zutun in bestimmten Zeitgrenzen ablaufen, am merklichsten im Wechsel von Tag und Nacht und in der Folge der Jahreszeiten. Bemessen ist, wie uns die Wissenschaft sagt, sogar die Frist des gesamten Naturablaufs, die Zeit, in der Leben auf der Erde möglich ist, die Dauer der Erde selbst, wohl sogar die Zeit des Kosmos im ganzen.

Auch unser Leben nimmt als ein solcher Naturprozeß eine begrenzte Zeitspanne ein, die sich nicht nach Belieben verlängern läßt. Lediglich diese Frist steht uns für unser Tun zur Verfügung:

«Noch ist es Tag, da rühre sich der Mann,
die Nacht tritt ein, da niemand wirken kann»,

reimt Goethe ein Wort Jesu: «Wir müssen, solange es Tag ist, die Werke dessen vollbringen, der mich gesandt hat; es kommt die Nacht, in der niemand mehr etwas tun kann» (Joh 9, 4). Es gilt also die Zeit, die uns zur Verfügung steht, auszunützen, sie «auszukaufen», wie ein anderes Wort des Neuen Testaments fordert, das die Tage als «böse» schilt, wohl weil es ein «böses Ende» nähme, wenn wir ihnen untätig ihren Lauf ließen (Eph 5, 16).

Diese ablaufende Zeit, die uns gewährt ist, gliedert sich uns wieder in größere oder kleinere Abschnitte, etwa die Phasen unseres Lebens wie Kindheit, Jugend, «Blüte der Jahre», Alter; in Arbeitszeit und Freizeit, «saure Wochen, frohe Feste», wie Goethe sagt; also auch in glückliche oder traurige, in sorglose oder beängstigende oder in banal «all-tägliche» Zeiten. Sie können uns lang oder kurz erscheinen, köstlich oder finster.

Man hat Zeit oder hat keine. Man kann sich diese Zeit vertreiben, sie gar totschlagen, sie als «Tagedieb» stehlen oder vergeuden, sie vertrödeln. Man kann Zeit gewinnen oder verlieren. Man kann sich die Zeit lassen oder nehmen oder sie einem anderen schenken.

Wir müssen uns auch damit abfinden, das alles «seine Zeit» braucht, also geduldig abwarten können: «Eile mit Weile!», aber auch: «Warte nie, bis du Zeit hast!»

Die folgenden Texte befassen sich mit der Begrenztheit unserer Zeit, aber auch mit der rechten Weise, sie zu nutzen. Das erste Dutzend gibt zu bedenken, daß unsere Lebenszeit befristet ist; dem folgen Hinweise, wie recht mit der Zeit umzugehen wäre; schließlich verweisen die letzten Zitate darauf, daß auch die Weltzeit endet.

«Ehe die Berge geboren wurden
und die Erde entstand und das Weltall,
bist du, o Gott, von Ewigkeit zu Ewigkeit.
Du schickst die Menschen zurück zum Staub
und sprichst: ‹Kommt heim, ihr Menschenkinder!›
Denn tausend Jahre sind für dich
wie der Tag, der gestern vergangen,
und wie in der Nacht eine Wachzeit.
Du säst die Menschen aus von Jahr zu Jahr
sie gleichen dem sprossenden Gras.
Am Morgen grünt es und blüht,
am Abend wird es gemäht und verdorrt.

All unsre Tage gehn hin unter deinem Zorn,
und unsre Jahre beenden wir wie einen Seufzer.
Siebzig Jahre währt unser Leben,
oder achtzig sind es, wenn's hoch kommt,
Und selbst das Beste daran ist Mühsal und Beschwer,
denn rasch geht's vorbei, wir fliegen dahin.
Lehre uns, unsere Tage zu zählen,
dann gewinnen wir ein weises Herz.»
PSALM 90

«kein widerspruch
das leben
wird länger
und länger
nämlich kürzer
und kürzer,
es zieht sich nicht.»
ERNST JANDL, «Der gelbe Hund»

«Lang oder kurz ist die Zeit,
und das Wahre,
das sich ereignen wird,
heißt Sterben.

Danach bist du
gleichsinnig mit
der Erde, dem Himmel,
die sich nicht wissen.
(Aber wer bist du noch?)

Was eigentlich heißt denn das:
geboren, Zeit zu gebären
im Unterfangen des Bewußtseins —
wozu ‹ich›?»
ERNST MEISTER

«Darin täuschen wir uns,
daß wir den Tod immer nur vor uns sehen;
ein großer Teil von ihm liegt schon hinter uns;
die ganze Zeit, die wir bisher durchlebten,
.hat der Tod schon.»
SENECA

«Mach dich vertraut mit dem Gedanken,
daß doch das letzte kommen muß,
und statt in Trübsinn hinzukranken,
wird dir das Dasein zum Genuß.

Du magst nicht länger mehr vergeuden
die Spanne Zeit in eitlem Haß,
du freust dich reiner deiner Freuden
und sorgst nicht mehr um dies und das.

Du setzest an die rechte Stelle,
das Hohe, Göttliche der Zeit,
und jede Stunde wird die Quelle
gesteigert neuer Dankbarkeit.»
THEODOR FONTANE, «Geliebte, willst du doppelt leben»

97

«Beim Lesen des Horaz
Selbst die Sintflut
Dauerte nicht ewig.
Einmal verrannen
Die schwarzen Gewässer.
Freilich, wie Wenige
Dauerten länger!»

BERTOLT BRECHT, «Beim Lesen des Horaz»

«Denn, Herr, die großen Städte sind
Verlorene und Aufgelöste;
wie Flucht vor Flammen ist die größte, –
uns ist kein Trost, daß er sie tröste,
und ihre kleine Zeit verrinnt.

Da leben Menschen, leben schlecht und schwer,
in tiefen Zimmern, bange von Gebärde,
geängsteter denn eine Erstlingsherde;
und draußen wacht und atmet deine Erde,
sie aber sind und wissen es nicht mehr . . .

Sie gehn umher, entwürdigt durch die Müh,
sinnlosen Dingen ohne Mut zu dienen,
und ihre Kleider werden welk an ihnen,
und ihre schönen Hände altern früh . . .

Dort ist der Tod. Nicht jener, dessen Grüße
sie in der Kindheit wundersam gestreift, –
der kleine Tod, wie man ihn dort begreift;

ihr eigner hängt grün und ohne Süße
wie eine Frucht in ihnen, die nicht reift.

O Herr, gib jedem seinen eignen Tod,
das Sterben, das aus jenem Leben geht,
darin er Liebe hatte, Sinn und Not . . .

Denn dieses macht das Sterben fremd und schwer,
daß es nicht unser Tod ist; einer, der
uns endlich nimmt, nur weil wir keinen reifen;
drum geht ein Sturm, uns alle abzustreifen.»
RAINER MARIA RILKE, «Von der Armut und vom Tode»

«Aber eines Tages war meine Zeit um, und ich nahm Abschied.
Es war spät im Herbst. Aus den Büschen fielen faule Beeren,
und die Schafe kamen die Hügel herunter, frierend und hungrig,
denn über Nacht hatte der Wind das Gras aus den Bergwiesen
gespült und an die felsigen Ufer geworfen. Aus den silbernen
Geleisen – zwei letzten Sonnenstrahlen – trug mich der Zug fort.
In der Nacht erreichte ich die Grenze. Die Zollbeamten be-
schlagnahmten mein Gepäck, und als ich mein Geld wechseln
wollte, bedeutete man mir, daß hier eine andere Währung galt.
Bedauerlicherweise war zwischen meiner Heimat und den ande-
ren Ländern kein Abkommen getroffen worden, das einen Kurs
festsetzte. Also war auch mein Geld wertlos.»
INGEBORG BACHMANN, «Auch ich habe in Arkadien gelebt»

«So willst du treulos von mir scheiden
mit deinen holden Phantasien,

mit deinen Schmerzen, deinen Freuden,
mit allen unerbittlich fliehn?
Kann nichts dich, Fliehende, verweilen,
o meines Lebens goldne Zeit?
Vergebens, deine Wellen eilen
hinab ins Meer der Ewigkeit.

Von all dem rauschenden Geleite
wer harrte liebend bei mir aus?
Wer steht mir tröstend noch zur Seite
und folgt mir bis zum finstern Haus?
Du, die du alle Wunden heilest,
der Freundschaft leise, zarte Hand,
des Lebens Bürden liebend teilest,
du, die ich frühe sucht' und fand.

Und du, die gern sich mit ihr gattet,
wie sie der Seele Sturm beschwört,
Beschäftigung, die nie ermattet,
die langsam schafft, doch nie zerstört,
die zu dem Bau der Ewigkeiten
zwar Sandkorn nur für Sandkorn reicht;
doch von der großen Schuld der Zeiten
Minuten, Tage, Jahre streicht.»
FRIEDRICH SCHILLER, «Die Ideale»

«Hör dir das an, Gott, ich will heute
mit dem Auto unterwegs sein, morgen
schließ ich den Kaufvertrag ab, das

neue Haus wird in zehn Monaten
stehn, dann ziehen wir ein, machen das
dritte Kind, schicken das erste zur
Schule, das Geschäft wird vergrößert, den
Kompagnon schmeiße ich raus, kaufe das
restliche Aktienpaket, übernehme den
Vorsitz in der Waschmittelgesellschaft,
wechsle die Freundin, der Bungalow im
Tessin ist fällig, die Gören springen
mir von der Tasche, die Frau hat eine
Operation, ich bin Generaldirektor,
vielleicht Prostata, gut, wird repariert,
man ist sechzig, Konzern gesund, rapide
wächst das Grundkapital, glänzende
Aussichten für die nächsten zehn Jahre,
was sag ich, für zwanzig — hör dir das an,
Gott, und komme mir nicht dazwischen.»
RUDOLF OTTO WIEMER, «Hör dir das an»

«Zum Brunnenrand der Zeit gestellt,
Erfüllt von schwarzer Schuld der Welt:
Die hohen, hehren Wasser fließen —
Wer wird den Garten Gottes gießen?

Ich bin von Trauer ausgebrannt.
Die Wolke Gram ist ausgesandt.
Die irdnen Krüge sind zerschlagen,
Ich darf es nicht dem Gärtner sagen.

Die Wasser strömen bitter fort,
Des Heiles Kräuter sind verdorrt.
Der Staub zerfraß die guten Reben.
Wer wird uns Frucht und Traube geben?

Bald wird das Tor im Morgen gehn,
Bald wird der Herr im Golde stehn:
Die irdnen Krüge sind zerschlagen,
Die erzne Stimme wird mich fragen —
Ich muß vor meinem Gärtner klagen.»
FRIEDRICH SCHNACK, «Weltleid»

«Wer bin ich und wie halte ich die Jahre,
die glühn, verflackern, lischen wie der Mohn?
Wohin der Duft? Und wer bewahrt den Ton?
Hoch flog der Ball im Aufwind junger Jahre.
Nun fällt er schon . . .?

Ist dies verloren, ist es je gewesen?
Schlaf unter Sternen; Küsten meerumblaut;
der Ströme Wandern; Städte hochgebaut? —
ich könnte wieder alte Straßen gehn . . .
Sie wären nicht vertraut.

Wer bin ich, da mir dies entsunken?
Und wer, vor dem, das Zukunft mir gespart?
Und wer, vom Winde schwach, vom Weine trunken,
inmitten dieses Schwarms und dieser Fahrt
von Seelenvögeln und von Geisterfunken?
Gib Antwort, Gegenwart!

Ich bin, ich atme – eines: Mund und Flöte.
Ich spiele mir ein Lied; ich bin das Lied.
Ich bin der Hauch, der durch die Höhlung zieht,
der Spieler und das Spiel, der Leib der Flöte,
der Flöte Lied.

Was frag' ich nach dem Lied verschollner Jahre . . .
Ich bin, ich atme. Hör' ich nicht den Ton?
Hell schwebt die Wolke. Leuchtend brennt der Mohn.
Die Flöte harrt. Laß singen deine Jahre.
Ich hör' sie schon.»
RUDOLF HAGELSTANGE, «Lied der Jahre»

«Zwischen Ranken, die zum Dache strebten,
In dem Laub des Weins, das spät sich rötet,
Las ich auf der Sonnenuhr die Worte:
Jede Stunde schmerzt, die letzte tötet.»
FRIEDRICH GEORG JÜNGER, «Die Sonnenuhr»

«Beklagenswert, wer sich verschworen,
Er hab noch niemals Zeit verloren.
Bekenn er lieber, unumwunden:
Er hab noch niemals Zeit gefunden.»
EUGEN ROTH, «Unser Umgang mit der Zeit»

«Es gibt ein sehr probates Mittel,
die Zeit zu halten am Schlawittel:
Man nimmt die Taschenuhr zur Hand
und folgt dem Zeiger unverwandt.

Sie geht so langsam dann, so brav
als wie ein wohlgezogen Schaf,
setzt Fuß vor Fuß so voll Manier
als wie ein Fräulein von Saint-Cyr.

Jedoch verträumst du dich ein Weilchen;
so rückt das züchtigliche Veilchen
mit Beinen wie der Vogel Strauß
und heimlich wie ein Puma aus.

Und wieder siehst du auf sie nieder;
ha, Elende! – Doch was ist das?
Unschuldig lächelnd macht sie wieder
die zierlichsten Sekunden-Pas.»
CHRISTIAN MORGENSTERN, «Die Zeit»

«Mein Erbteil wie herrlich, weit und breit!
Die Zeit ist mein Besitz, mein Acker ist die Zeit.»
J. W. v. GOETHE, «Westöstlicher Divan»

«Der Gruß der Philosophen untereinander sollte sein:
‹Laß Dir Zeit!›»
LUDWIG WITTGENSTEIN, «Vermischte Bemerkungen»

«Die Leute, die niemals Zeit haben, tun am wenigsten.»
GEORG CHR. LICHTENBERG, «Aphorismen»

«Zeit urbar machen.»
GEORG CHR. LICHTENBERG, «Aphorismen»

«Wer die Zeit sich suchen mag,
hat sie stets gefunden:
Für den Fleißigen hat der Tag
achtundvierzig Stunden.»
LUDWIG FULDA

«Es ist eine ganz bekannte Sache, daß die Viertelstündchen
größer sind als die Viertelstunden.»
GEORG CHR. LICHTENBERG, «Aphorismen»

«Die Länge des Tages. – Wenn man viel hineinzustecken hat,
so hat ein Tag hundert Taschen.»
FRIEDRICH NIETZSCHE, «Menschliches, Allzumenschliches»

«Unser Zeitmaß würde genauer sein, wenn man einen vergange-
nen Tag aufbewahren könnte, um ihn mit den künftigen Tagen zu
vergleichen, wie man die räumlichen Maße aufbewahrt.»
G. W. LEIBNIZ, «Neue Abhandlungen
über den menschlichen Verstand»

«Es ist mein Glück zu wissen,
daß alles vorbeigehen wird
nicht wie der Kelch
in der Bibel
aber ungefähr so ähnlich.
Einmal wird alles aufhören
zuende sein
so oder so.»
LUDWIG FELS, «Mein Glück»

«Weißt du, was in dieser Welt
mir am meisten wohlgefällt?
Daß die Zeit sich selbst verzehret
und die Welt nicht ewig währet.»
FRIEDRICH VON LOGAU

Der Zeitpunkt,
der Augenblick, die rechte Zeit

Der Zeitpunkt begegnet uns entweder als Termin oder als Augenblick. Freilich ist das, was wir Augenblick oder Nu nennen, nicht nur ein Punkt, es ist die kurze Dauer gegenwärtigen Erlebens, die wir mit «jetzt» meinen. Punktuell kann nur der Beginn oder das Ende von etwas scheinen, der genaue Termin («terminus» bedeutet ja im Lateinischen auch «Grenzpunkt»), den man sogar im Sport bis auf Tausendstel Sekunden festlegen möchte.

Doch ist dieses «Jetzt» nicht erst durch die Relativitätstheorie problematisch geworden, nach der unsere natürliche Überzeugung falsch ist, alles, was sich jetzt zur selben Zeit irgendwo im Weltall ereigne, müsse von jedem denkbaren Beobachter als «gleichzeitig» festgestellt werden, wenn er richtig urteile; denn eine solche absolute Gleichzeitigkeit gibt es nicht. Aber auch unabhängig davon sind wir bereits verwirrt, wenn uns jemand etwa sagt, die Sonne sei nie dort, wo wir sie gerade erblicken, da ihr Licht acht Minuten braucht, bis es uns crreicht; sie sei also immer schon weitergewandert auf ihrer – ohnehin nur scheinbaren – Umlaufbahn. Oder ein Stern, den wir jetzt sehen, sei vielleicht schon längst erloschen, da sein Licht gar Hunderttausende von Jahren unterwegs ist, bis es unser Auge trifft. So erstreckt sich die «Quer-Zeit» unseres anscheinend fast punktuellen «Jetzt», nämlich das, was von uns im Augenblick wahrgenommen werden kann, auf unfaßlich lange Zeiträume.

Jene Ereignisse in unserem Leben aber, die wir ebenfalls auf Momente festgelegt erfassen, lassen uns solche Termine, je nachdem ob das Eintretende erfreulich oder unbedeutend oder schrecklich scheint, erhoffen und herbeisehnen oder abwarten oder fürchten. Vieles hängt in seinem Gelingen auch von dem rechten Zeitpunkt ab, den es geduldig und wachsam abzupassen gilt. Läßt er zu lange auf sich warten, reagieren wir mit Langeweile, die sich auch einstellt, wenn in der Folge von Augenblicken, die unsere Zeit auszumachen scheinen, sich keine Abwechslung einstellt, sondern immer Gleiches wiederkehrt. Das ließe uns den Lauf der Zeit sogar als sinnlos erfahren. Das Glück aber will keinen Endpunkt, keinen Moment, da es erlischt, und für den wahrhaft Glücklichen entfiele der auch – nach dem Sprichwort: «Dem Glücklichen schlägt keine Stunde.»

Diesen unterschiedlichen Aspekten des Augenblicks sind die folgenden Texte gewidmet. Sie verweisen zunächst auf die Bedeutung der günstigen Gelegenheit, der rechten Zeit, und wie es darauf ankommt, sie zu nutzen, zumal sie unwiederbringlich dahingehen kann, oft aber

Unverhofftes gewährt. Weitere Zitate erinnern daran, daß man die Zeit als eine Kette von Augenblicken sehen kann, so daß «etwas doch immer die Stunde geschlagen» hat. Sie bedenken auch die Frage, wie mit dem rechten Moment umzugehen sei; wie man ihn festsetzt, sich auf ihn einstellt, etwa im Warten und in der Langeweile. Wie das bloße Abspulen gleichförmiger Momente den Gang der Zeit geradezu sinnlos werden läßt, falls man das ziellose Zeitverbringen durchschaut, zeigt das letzte Zitat dieser dritten Gruppe.

«Alles hat seine Stunde. Für jegliches unter der Sonne gibt
es die rechte Zeit.
Eine Zeit zum Gebären und eine zum Sterben.
Eine Zeit zum Pflanzen und eine, das Gepflanzte zu ernten.
Eine Zeit zu töten und eine zum Heilen; zum Einreißen eine
und eine Zeit, um aufzubauen.
Zum Weinen gibt es eine Zeit und fürs Klagen eine und eine
zum Tanzen.
Eine Zeit, Steine wegzuwerfen, und eine Zeit, sie zu sammeln.
Eine Zeit, sich zu umarmen, und eine, die Umarmung zu lösen.
Eine Zeit zum Suchen, eine, um zu verlieren, eine Zeit zum
Behalten und eine Zeit fortzuwerfen.
Eine Zeit zum Zerreißen, eine, um zusammenzunähen, eine fürs
Schweigen und eine zum Reden.
Eine Zeit zum Lieben und eine Zeit zu hassen, eine Zeit des
Krieges und Friedenszeit.»
KOHELET 3, 1–8

«*Die Griechen nannten den Gott der rechten Gelegenheit, der Chance oder des günstigen Zeitpunktes ‹Kairos›. Sie bildeten ihn als nackten jungen Mann ab, mit Flügeln an den Füßen, einem Messer in der Hand, sein Hinterkopf kahl, aber mit einem Haarschopf über der Stirn. Ein Alexandrinischer Dichter, Poseidipp, hat eine Unterredung mit ihm aufgeschrieben:*
‹Wer bist du?›
‹Ich bin Kairos, der Augenblick, der alles bezwingt.›
‹Warum läufst du auf Zehenspitzen?›
‹Ich husche leise vorbei wie ein Windhauch.›
‹Warum hast du Flügel an beiden Füßen?›
‹Ich fliege unablässig dahin.›
‹Warum hältst du in der Rechten ein Messer?›
‹Ich erinnere die Menschen damit, daß ich spitzer bin als dessen Spitze.›
‹Warum fällt dir eine Haarlocke vorne in die Stirn?›
‹Damit mich fassen kann, wer mir begegnet.›
‹Und was bedeutet dein kahler Hinterkopf?›
‹Von hinten erwischt mich keiner, an dem ich geflügelten Fußes vorbeigeflogen bin, wie sehr er sich auch mühte.› . . .»
ALBERT KELLER, «Zeit – Tod – Ewigkeit»

«*Man sieht also, daß der innere Trieb der Persönlichkeit zu Gedankenexperimenten keine Zeit hat, daß er beständig vorwärts eilt und irgendwie entweder das eine oder das andere setzt, wodurch dann die Wahl im nächsten Augenblick noch schwieriger wird; denn was gesetzt ist, muß zurückgenommen werden. Wenn Du Dir einen Steuermann aus seinem Schiffe vorstellst in dem Augenblick, da ein Schlag gemacht werden soll, so wird er viel-*

leicht sagen können: ich kann entweder dies tun oder das; wenn er aber kein mäßiger Steuermann ist, so wird er sich zugleich bewußt sein, daß das Schiff unterdessen mit seiner gewohnten Geschwindigkeit dahinfährt und daß es somit nur für einen Augenblick, da von einem Entweder-Oder nicht mehr die Rede ist, nicht etwa deshalb, weil er gewählt hätte, sondern weil er es unterlassen hat zu wählen, was sich auch so ausdrücken läßt: weil andere für ihn gewählt haben, weil er sich selbst verloren hat.»
SÖREN KIERKEGAARD, «Entweder-Oder»

«O Menschenherz, was ist dein Glück?
Ein rätselhaft geborner
Und, kaum gegrüßt, verlorner,
Unwiederholter Augenblick!»
NIKOLAUS LENAU, «Frage»

«Nicht aufs Jahrhundert – auf die Stunde kommt es an.
Nicht auf das Jahr – auf die Sekunde kommt es an.
Wer das begreifen kann, begreift auch dies:
Nur auf die Mitte, nicht die Runde kommt es an.
Nur auf den Schmerz, nicht auf die Wunde kommt es an.

Zuweilen scheints, kommt es aufs Wort vom Munde an.
Doch nicht aufs Wort, nein, auf die Kunde kommt es an.
Gar mancher tauschte für ein Jahr im Paradies
das ganze Leben ein. Was wiegts im Grunde dann . . .
Ein Gott zu sein für die Sekunden dann,
ist unvergleichlich mehr. Ist alles doch. Und dies:

Zu lieben, ach, was wiegts im festen Bunde dann
so Jahr für Jahr . . . kommt die Sekunde dann,
daß jäh der Funke springt von Mund zu Munde dann,
hab ich gelebt! Und wenn sie mich, ich sie verließ –
was wöge dann das Wort . . . Die Kunde dann
wird alles sein! Der Schmerz! Die Wunde dann
heilt langsam zu. Weil mich das Leben also unterwies,
drum nehm ich dankbar die Sekunde an.»
RUDOLF HAGELSTANGE, «Gasele von der Sekunde»

«Töchter der Zeit, die scheinheiligen Tage,
Vermummt und stumm, – barfüßige Derwische,
Und einzeln wandernd in endloser Reih,
Mit Krongeschmeid und Reisig in der Hand;
Sie bieten Gaben jedem, je nach Wahl;
Brot, Kronen, Sterne und das Firmament.
Ich sah von meinem Garten aus den Zug,
Vergaß, was morgens ich mir wünschte, nahm
Mir Pflanzen schnell und Äpfel – und der Tag
Wandte sich schweigend, ging. Ich, o zu spät,
Sah unter seinem Hutrand noch den Hohn.»
RALPH WALDO EMERSON, «Tage»

«Wir besaßen nur Wind, Sand und Sterne. Das wäre selbst für
Tappisten ein wenig zu hart gewesen. Und doch teilten auf dieser
schlecht beleuchteten Fläche sieben Menschen, die nichts besaßen
als ihre Erinnerungen, unsichtbare Schätze untereinander aus.

In dieser Stunde fanden wir uns. Man geht so lange Zeit ne-
beneinander her, jeder in seinem Schweigen befangen, oder man

wechselt Worte, denen man nichts mitgibt. Da kommt die Stunde der Gefahr, man sucht Schulterfühlung und entdeckt, daß man zusammengehört.

Diese Entdeckung anderer bewußter Wesenheiten weitet den Menschen. Man sieht sich an, mit lächelndem Verstehen. Es ist einem zumute wie dem befreiten Gefangenen, der staunend die Unendlichkeit des Meeres erkennt.»

ANTOINE DE SAINT-EXUPÉRY, «Wind, Sand und Sterne»

«Was von der Minute ausgeschlagen,
Gibt keine Ewigkeit zurück.»

FRIEDRICH SCHILLER, «Resignation»

«Nur allein der Mensch
Vermag das Unmögliche:
Er unterscheidet,
Wählet und richtet;
Er kann dem Augenblick
Dauer verleihen.»

J. W. v. GOETHE, «Das Göttliche»

«Ja! diesem Sinne bin ich ganz ergeben,
Das ist der Wahrheit letzter Schluß:
Nur der verdient sich Freiheit wie das Leben,
Der täglich sich erobern muß!
Und so verbringt, umrungen von Gefahr,
Hier Kindheit, Mann und Greis sein tüchtig Jahr.
Solch ein Gewimmel möcht' ich sehn,
Auf freiem Grund mit freiem Volke stehn!

GERARD DOU
«Stilleben mit Leuchter und Taschenuhr»

ANTONIO P. Y SALGADO PEREDA

«Allegorie der Vergänglichkeit»

ANTONIO P. Y SALGADO PEREDA

«Allegorie der Vergänglichkeit»

PIETER POTTER

«Vanitas»

EDWAERT COLYER

«Vanitas»

Zum Augenblicke dürft ich sagen:
‹Verweile doch, du bist so schön›
Es kann die Spur von meinen Erdentagen
Nicht in Äonen untergehn!
Im Vorgefühl von solchem hohen Glück
Genieß' ich jetzt den höchsten Augenblick.»
J. W. v. GOETHE, «Faust, Erster Teil»

«Wie langatmig der Sternenhimmel
Dauernd sehr gut aussieht.
Ich kann nicht ständig überrascht sein
Nach dem zweiten Reh war ich mit Rehen eingedeckt
Und für den restlichen Spaziergang
Wunschlos versiegelt — so viel Wirklichkeit
Muß ja nicht unaufhörlich sein, einmal genügt mir
Sag ich zum Lichteinfall
Im Seitenchor, Duisburg, St. Martin.
Ich brauche nur Sekunden, du aber
Überdauerst mich, du guter alter günstiger Moment
Du schönes Angebot, und ich erschrecke — . . .
Wenn nur der schöne Augenblick
Nicht Ernst macht und verweilt!
Vorübergehend nur, du liebendes Geschick
Bin ich erreichbar — weg mit mir
Das dauert mir zu lang, ich breche auf
Ich habe mich geeilt.»
GABRIELE WOHMANN, «Schöner Augenblick»

«Mein sind die Jahre nicht, die mir die Zeit genommen;
mein sind die Jahre nicht, die etwa möchten kommen;
der Augenblick ist mein, und nehm' ich den in acht,
so ist der mein, der Jahr und Ewigkeit gemacht.»
ANDREAS GRYPHIUS

«Zu dem, der warten kann, kommt alles mit der Zeit.»
FRANZÖSISCHES SPRICHWORT

Meister zum Auszubildenden: «Sie hätten sich bereits vor
längerer Zeit einmal die Haare schneiden lassen sollen.»
Auszubildender: «Ich habe mir bereits vor längerer Zeit einmal
die Haare schneiden lassen, Meister!»
VOLKSMUND

«Es ist ein Wunder: der Augenblick, im Husch da, im Husch
vorüber, vorher ein Nichts, nachher ein Nichts, kommt doch noch
als Gespenst wieder und stört die Ruhe eines späteren Augen-
blicks. Fortwährend löst sich ein Blatt aus der Rolle der Zeit,
fällt heraus, flattert fort – und flattert plötzlich wieder zurück,
dem Menschen in den Schoß. Dann sagt der Mensch ‹ich erinnere
mich› und beneidet das Tier, welches sofort vergißt und jeden Au-
genblick wirklich sterben, in Nebel und Nacht zurücksinken und
auf immer verlöschen sieht.»
FRIEDRICH NIETZSCHE, «Vom Nutzen und Nachteil der Historie»

«. . . man kann ja die gesamte Lebenszeit in unzählig viele Teile
teilen, deren jeder von den übrigen in keiner Weise abhängt, so daß
also daraus, daß ich kurz vorher existiert habe, keineswegs folgt,

*daß ich jetzt existieren muß, es sei denn, irgendeine Ursache
schaffe mich für diesen Augenblick gewissermaßen von neuem,
d. h. erhalte mich im Dasein. Betrachtet man nämlich aufmerk-
sam die Eigenart der Zeit, so leuchtet ein, daß es durchaus dersel-
ben Kraft und Tätigkeit bedarf, um irgendein Ding von Augenblick zu Augenblick zu erhalten, wie um es von neuem zu
erschaffen, wenn es noch nicht existierte.»*

R. DESCARTES, «Meditationen über die Grundlagen der Philosophie»

*«Über das Wesen der Langeweile sind vielfach irrige Vorstellun-
gen verbreitet. Man glaubt im ganzen, daß Interessantheit und
Neuheit des Gehaltes die Zeit ‹vertreibe›, das heißt: verkürze,
während Monotonie und Leere ihren Gang beschwere und hemme.
Das ist nicht unbedingt zutreffend. Leere und Monotonie mögen
zwar den Augenblick und die Stunde dehnen und ‹langweilig›
machen, aber die großen und größten Zeitmassen verkürzen und
verflüchtigen sie sogar bis zur Nichtigkeit. Umgekehrt ist ein
reicher und interessanter Gehalt wohl imstande, die Stunde und
selbst noch den Tag zu verkürzen und zu beschwingen, ins große
gerechnet jedoch verleiht er dem Zeitgange Breite, Gewicht und
Solidarität, so daß ereignisreiche Jahre viel langsamer vergehen
als jene armen, leeren, leichten, die der Wind vor sich her bläst,
und die verfliegen. Was man Langeweile nennt, ist also eigentlich
vielmehr eine krankhafte Kurzweiligkeit der Zeit infolge von
Monotonie: große Zeiträume schrumpfen bei ununterbrochener
Gleichförmigkeit auf eine das Herz zu Tode erschreckende
Weise zusammen; wenn ein Tag wie alle ist, so sind alle wie einer;
und bei vollkommener Einförmigkeit würde das längste Leben
als ganz kurz erlebt werden und unversehens verflogen sein. Ge-*

*wöhnung ist ein Einschlafen oder doch ein Mattwerden des Zeit-
sinnes, und wenn die Jugendjahre langsam erlebt werden, das spä-
tere Leben aber immer hurtiger abläuft und hineilt, so muß auch
das auf Gewöhnung beruhen.»*

THOMAS MANN, «Der Zauberberg»

«. . . ‹*Es werden also*›, *sagte zögernd der Archivar,* ‹*die Kunststeine lediglich hergestellt, um —* ›

‹*Um von uns hier*›, *ergänzte der Spezialagent mit einer bissi-
gen Genugtuung,* ‹*wieder zermahlen zu werden.*›

‹*Und*›, *rief der Archivar ärgerlich,* ‹*die daraus gewonnene
Staubmasse —*›

‹*Ganz recht*›, *bestätigte der Agent,* ‹*sie dient nur der Fabrik
am anderen Stadtrand, um daraus wieder neue Kunststeine herzustellen.*›

‹*Aber*›, *sagte der Archivar und stampfte mit dem Fuß auf,*
‹*das ist doch —*›

‹*Mustergültig geregelt*›, *ergänzte Herr Wiedehuck freund-
lich,* ‹*und dabei so einfach.*› . . .

‹*Ich verstehe nicht*›, *sagte der Archivar, der sich in den
Bildern seiner Gedanken nicht zurechtfand,* ‹*ich verstehe den
Aufwand nicht, die ständige Beschleunigung der Arbeit, die
Sorgfalt der Methode!*›

‹*Für den einzelnen*›, *erwiderte trocken der Spezialagent,*
‹*wird dadurch der Reiz mechanischen Spiels erhöht.*›

‹*Was soll*›, *sagte der Archivar in gesteigerter Erregung,* ‹*die
geradezu lächerlich wirkende Wichtigkeit, mit der einerseits die
Steine immer härter, besser und schöner hergestellt werden, wenn
sie keinem anderen Zweck bestimmt sind, als um immer rascher*

*und immer raffinierter in den Ursprungszustand des Staubes
zurückverwandelt zu werden. Es ist absurd!›*
*‹Sie denken zu moralisch›, sagte Herr Wiedehuck und unter-
drückte ein Gähnen. ‹Schauen S', Herr Archivrat›, fuhr er leise
fort, indem er sich die Hände rieb und den Ring, den er auf dem
Zeigefinger trug, hin und her drehte, ‹für die Masse bleibt das
Zwecklose ihres Treibens natürlich ein Geheimnis. Sie hält gläu-
big an der Illusion der ihr von der Präfektur auferlegten Tätigkeit fest. Wir Agenten blicken zwar ein bisserl hinter den Vor-
hang des Theaters, aber den tieferen Sinn des Stückes zu deuten,
übersteigt unsere Zuständigkeit› . . .»*
HERMANN KASAK, «Die Stadt hinter dem Strom»

Das Zeitalter, die herrschende Zeit, die Gegenwart

Eine erste Forderung für den rechten Umgang mit der
Zeit lautet oft: Die Zeit bedenken! Und das bedeutet
dann meist nicht – wie es hier versucht wird – das Phä-
nomen «Zeit», verstanden als ständigen Vorüberfluß
und unaufhaltsames Vergehen unseres Lebens, nach seinen unterschiedlichen Rücksichten zu erwägen.

Nein: Die jetzige Situation, die «heutige Zeit» ist zur
Kenntnis zu nehmen, in ihren Strömungen und Hinter-
gründen sollte sich der Mensch zu orientieren trachten.
Wir sollten ihr zugleich auch mit einem wachen und kri-
tischen Bewußtsein und eigenständiger Urteilsbildung
zu begegnen suchen.

Eine solche Bestandsaufnahme der gegenwärtigen Zeit kann hier natürlich nicht geboten werden. Vielmehr sollen die aufgeführten Texte nur allgemein belegen, daß auch diese Auseinandersetzung mit der jeweiligen Gegenwart, mit der «herrschenden Zeit» keinesfalls ausgespart werden darf, wenn wir existentiell weise mit der Zeit umgehen wollen; denn dazu müssen wir sie in einer Sicht bedenken, die eine Stufe weiter geht als die philosophische Klärung des Begriffs «Zeit». «Existentiell» heißt nämlich eine Frage, die mein ganzes Dasein, meine Lebensentscheidung angeht. Und um die recht anzugehen, gilt es, sich auf den zeitlichen Kontext einzustellen. Man darf sich also nicht unbedacht oder willenlos von den Strömungen der Zeit treiben lassen oder gleichsam unter ihren Widrigkeiten der Zeit wegzutauchen versuchen, als könne man sie womöglich in einem geistigen Winterschlaf überdauern. Vielmehr muß man sich mit seiner Zeit – sie etwa gar rebellisch in die Schranken fordernd – auseinandersetzen; der erste Schritt dazu aber besteht darin, sie prüfend wahrzunehmen.

So verweisen also die folgenden Texte zunächst auf die Schwierigkeit, den «Geist der Zeit» zu erfassen, sodann auf die Bedeutung der Gegenwart und ihre Macht, auf die Eigenart unserer Zeit, schließlich auf den Wandel der Zeitalter und auf die Frage, wohin deren Entwicklung geht. Den Abschluß der Zitate bilden daher solche Gedanken, die als Hintergrund und als Ziel aller Zeitenfolgen ihren Gegenbegriff, die jeder Vergänglichkeit enthobene Ewigkeit heranziehen.

«Sobald ihr im Westen die Wolken aufsteigen seht, sagt ihr: Es gibt Regen. Und es kommt so. Und wenn der Südwind weht, dann sagt ihr: Es wird heiß. Und es trifft ein. Ihr Heuchler! Das Aussehen von Erde und Himmel könnt ihr deuten. Warum könnt ihr dann die Zeichen dieser Zeit nicht deuten? Warum findet ihr nicht schon von selbst das rechte Urteil?»
EVANGELIUM NACH LUKAS, 12, 54–57

«Mein Freund, die Zeiten der Vergangenheit
Sind uns ein Buch mit sieben Siegeln.
Was ihr den Geist der Zeiten heißt,
Das im Grund der Herzen eigner Geist,
In dem die Zeiten sich bespiegeln.
J. W. v. GOETHE, «Faust, Erster Teil»

«Eine Zeit mißversteht die andere; und eine kleine Zeit mißversteht alle andern in ihrer eigenen häßlichen Weise.»
LUDWIG WITTGENSTEIN, «Vermischte Bemerkungen»

«Die ohne Richtschnur über ein Werk urteilen, verhalten sich zu denen (die eine solche Regel haben), wie die, welche eine Uhr haben, zu denen, die keine haben. Der eine sagt: Es ist zwei Uhr. Ich sehe auch meine Uhr und sage zu dem einen: Du langweilst dich, und zu dem anderen: Die Zeit vergeht dir rasch, denn es ist erst einhalb zwei Uhr. Und ich lache über die, welche mir sagen, daß die Zeit nur für mich so lange dauert, und daß ich nach Phantasie darüber urteile: Sie wissen nicht, daß ich mich nach meiner Uhr richte.»
BLAISE PASCAL, «Gedanken»

«Willst du dir ein gut Leben zimmern,
Mußt ums Vergangene dich nicht bekümmern,
Und wäre dir auch was verloren.
Mußt du immer tun wie neu geboren;
Was jeder Tag will, sollst du fragen,
Was jeder Tag will, wird er sagen,
Mußt dich am eignen Tun ergötzen.
Was andre tun, das wirst du schätzen;
Besonders keinen Menschen hassen,
Und das Übrige Gott überlassen.»
J. W. v. GOETHE, Sprüche»

«Die Gegenwart.
Achte sie und behandle sie gut.
Laß dich auf sie ein,
denn sie lebt,
noch mehr: Sie ist voller Leben,
sie ist das Leben.

Die Gegenwart.
In ihrer kurzen Zeitspanne
ist alles enthalten, was es gibt;
was existiert und was wahr ist:

Die Freude am Wachsen,
das Gelingen der Arbeit,
das Gefühl von Schöpferkraft.
Von der Vergangenheit bleibt ja nichts weiter
als die Erinnerung,
und die Zukunft ist nur eine Vision.

Die Gegenwart aber –
richtig gelebt und erlebt –
verwandelt die Vergangenheit
in eine frohe Erinnerung
und macht die Zukunft
zu einem Augenblick voller Hoffnung.
Deswegen:
Paß gut auf sie auf,
die Gegenwart.»
INDISCHE LEBENSWEISHEIT

«Wir halten uns niemals an die gegenwärtige Zeit. Wir nehmen
die Zukunft voraus, da sie zu langsam kommt, gleichsam um
ihren Lauf zu beschleunigen; und wir rufen die Vergangenheit
zurück, um sie aufzuhalten, weil sie zu stürmisch entschwindet:
so unklug sind wir, daß wir in den Zeiten umherirren, die nicht
unser sind, und nicht an die einzige denken, die uns gehört, und so
eitel, daß wir an die denken, die nichts mehr bedeuten, und ohne
Überlegung der einzigen, die da ist, entfliehen. Es ist gemeinhin
die Gegenwart, die uns lästig ist. Wir verbergen sie vor unserem
Blick, weil sie uns quält, und wenn sie uns willkommen ist, sind
wir betrübt, sie entschwinden zu sehen. Wir versuchen sie durch
die Zukunft erträglich zu machen und denken daran, das zu ord-
nen, was nicht in unserer Macht ist, im Hinblick auf eine Zeit,
die zu erreichen wir keinerlei Sicherheit haben.

Ein jeder prüfe seine Gedanken: er wird sie alle mit der Ver-
gangenheit oder mit der Zukunft beschäftigt finden. Wir denken
fast gar nicht an die Gegenwart; und wenn wir daran denken,
dann nur, damit wir aus ihr eine Einsicht erlangen, um über die

Zukunft zu verfügen. Die Gegenwart sind unsere Mittel; die Zukunft allein ist unser Ziel.

So leben wir nie, sondern wir hoffen zu leben, und während wir uns immer in Bereitschaft halten, glücklich zu sein, ist es unvermeidlich, daß wir es nie sind.»

BLAISE PASCAL, «Gedanken»

«Wo las ich es
daß wir zu schnell
sind. Den Dingen voraus
die nach uns kommen
werden. Zu schnell
für das Jetzt.
Abends bestehen wir
nur noch aus Sätzen
im Perfekt.
Was schnell ist ist
auch schnell nicht mehr
liegt hinter uns
entfernt sich
macht sich klein
das Kindsein
Mutter Vater
alles wird unsichtbar
Häuser und Straßen
und Unvergeßlich Genanntes

Langsam möchte ich sein
deutlich und langsam

ein endloser Augenblick
Jetzt.»
SIGRID GRABERT, «Vom Verschwinden der Gegenwart»

«Wir wollen dich nicht fragen in der Nacht,
Gewähre nur, daß wir die Ewigkeit
Mehr fürchten, Herr, als die Gewalt der Zeit,
Und dich mehr fürchten als der Menschen Macht.

Du hast der Zeiten großen Plan erdacht,
Die Not geheiligt und den Schmerz geweiht:
Was wär der Glaube, sähen wir im Streit
Schon Deiner Sterne unverhüllte Pracht!

Dein ist die Macht. Des Tieres Macht ist tot,
Ob seiner Kronen blutumrauchter Schein
Das stille Werk der Jahre überdeckt.
Wir fragen nicht. Uns fordert Dein Gebot.
Wir tragen in die tiefste Nacht hinein
Sein mächtig Wort, das Tote auferweckt.»
REINHOLD SCHNEIDER, «Apocalypse 17,8»

«The time is out of joint; — O cursed spite,
That ever I was born to set it right.»
«Die Zeit ist aus den Fugen; — O Fluch und Gram,
Daß ich zur Welt, sie einzurichten, kam.»
W. SHAKESPEARE, «Hamlet»

«*Es kommen härtere Tage.*
Die auf Widerruf gestundete Zeit
wird sichtbar am Horizont.
Bald mußt du den Schuh schnüren
und die Hunde zurückjagen in die Marschhöfe.
Denn die Eingeweide der Fische
sind kalt geworden im Wind.
Ärmlich brennt das Licht der Lupinen.
Dein Blick spurt im Nebel:
die auf Widerruf gestundete Zeit
wird sichtbar am Horizont.
Drüben versinkt dir die Geliebte im Sand,
er steigt um ihr wehendes Haar,
er fällt ihr ins Wort,
er befiehlt ihr ins Wort,
er befiehlt ihr zu schweigen,
er findet sie sterblich
und willig dem Abschied
nach jeder Umarmung.
Sieh dich nicht um.
Schnür deinen Schuh.
Jag die Hunde zurück.
Wirf die Fische ins Meer.
Lösch die Lupinen!»
INGEBORG BACHMANN, «Die Gestundete Zeit»

«*Jedermann kennt hier*
jenen Mann und sein Bekunden
ihm seien Hände und Füße
wie festgenagelt

der darum nicht weggehen kann
niemand umarmen und erheben
nicht lieben nicht kämpfen
nichts festhalten
und der trotzdem noch lebt
nebenan oder gegenüber
oder hinter deinem Fenster:

Allein von solch erhöhtem Platz
gewahrt man das Verströmen
der Hoffnung und der Tage: Oh
nehmt mich mit
nehmt mich doch mit
irgendwohin

Mag mancher selbst voll Mitleid sein
keiner kehrt wieder
weltflüchtig
und jener Mann bleibt da und hier
und stiftet auch weiter
Unglauben an.»
GÜNTER KUNERT, «Mitbürger»

«Ich wollte
meiner Zeit
Flamme sein
oder
Teil ihrer Flamme

Ich war
ihr Schatten
oder
ein Teil
ihres Schattens.»
ERICH FRIED, «Rückblick»

«Das Alte stürzt; es ändert sich die Zeit, und neues Leben blüht
aus den Ruinen.»
FRIEDRICH SCHILLER, «Wilhelm Tell»

«Tempo ist ein Zentralbegriff für das Zeitbewußtsein im
20. Jahrhundert vom ästhetischen Geschwindigkeitsrausch des
Futurismus in den ersten Jahrzehnten bis zur Rolle als Reiz-
wort für alle gegenwärtigen Kritiker des zivilisatorischen Fort-
schrittsglaubens.»
R. WENDORFF, «Zeit und Kultur, Geschichte des Zeitbewußtseins
in Europa»

«Geehrter Herr
entschuldigen Sie,
ich wüßte nur zu gerne Bescheid
zum Disponieren

und Bündel Schnüren,
da brauche ich schließlich Zeit.

Sie haben einst
Vertrag gemacht
mit Noah und Söhnen und Co
und als Sie den
unter Dach gebracht,
da hieß es bekanntlich so:

Meinen Bogen hab ich gesetzt
in die Wolken
der soll das Zeichen sein des Bundes
zwischen mir und der Erde
und wenn es kommt,
daß ich Wolken über die Erde führe
so soll man meinen Bogen sehen
in den Wolken.
Alsdann will ich denken an meinen
Bund zwischen mir und euch
daß nicht mehr hinfort eine Sintflut
komme
darum soll mein Bogen
in den Wolken sein
daß ich ihn ansehe.

Geehrter Herr
ich frage mich sehr,
sehen Sie ihren Bogen noch?

Ich frage nur, weil von unten her
man gar nichts mehr sehen kann.

Die Welt ist grau umzogen
der Regenfall ist groß
wo ist ein Regenbogen?
Es regnet bodenlos
Und was nicht Gottes Wolken sind,
ist Dreck von unserer Hand.
Und wenn es Regenbogen gibt,
dann nur mit Trauerrand,
dann nur mit Trauerrand.

. . .   . . .

‹Die Atmosphäre wird immer heißer!›
‹Ich habe gehört, sie wird immer
kälter.›
‹Das kommt aufs Gleiche raus.›
‹Das Polareis wird immer dicker.›
‹Ich habe gelesen, es schmilzt ab.›
‹Der Effekt ist der gleiche.›
‹Die Sintflut kommt!›
‹Wann?›
Ach irgendwann!
Möglicherweise — könnte sie —

    Und jeder denkt
sie wird schon nicht

wir stehen in Gottes Hand
und Gott hat einst
als Unterpfand
den Regenbogen gesandt.
Er hat uns abgewogen
und für zu leicht erkannt.
Und Gottes Regenbogen
hat einen Trauerrand
hat einen Trauerrand.»
WOLFGANG FRANKE, «Das Lied vom Regenbogen»

«Aus dem Absoluten gibt es kein Zurück. Es gibt keine Rück-
läufigkeit auf dem Weg, den man dorthin beschreitet, weil es sich
um eine Reise ohne Ende handelt.

Das Geheimnis besteht darin, daß das Absolute nicht nur ein
Abgrund zur Ewigkeit hin ist, sondern daß es zur gleichen Zeit
der einzige Anfang ist, der eigentliche Beginn einer Strecke.
Man geht von Gott aus, um zu Gott zu gelangen. Dies ist die
einzige Bewegung mit würdigem und nützlichem Ziel. Alles an-
dere, jede andere Reise, die einen anscheinend irgendwohin führt,
ist sinnlos und je schneller man geht, desto törichter ist es.»
LEON BLOY, «Der Pilger des Absoluten»

«Mensch, wo du deinen Geist schwingst über Ort und Zeit,
So kannst du jeden Blick sein in Ewigkeit.

Ich selbst bin Ewigkeit, wann ich die Zeit verlasse
Und mich in Gott und Gott in mich zusammenfasse.

Zeit ist wie Ewigkeit und Ewigkeit wie Zeit,
So du nur selber nicht machst einen Unterscheid.

Du selber machst die Zeit, das Uhrwerk sind die Sinnen;
Hemmst du die Unruh nur, so ist die Zeit von hinnen.

Die Zeit ist edeler als tausend Ewigkeiten;
Ich kann mich hier dem Herrn, dort aber nicht bereiten.»
ANGELUS SILESIUS, «Cherubinischer Wandersmann»

«Ewigkeit also ist der vollständige und vollendete Besitz des un-
begrenzbaren Lebens, was aus dem Vergleich mit dem Zeitlichen
noch deutlicher erhellt. Denn alles, was in der Zeit lebt, das geht
als ein Gegenwärtiges vom Vergangenen weiter in die Zukunft,
und es gibt nichts, was in der Zeit besteht, das seinen ganzen Le-
bensraum zugleich umfassen könnte. Sondern das Morgige erfaßt
es noch nicht, das Gestrige aber hat es schon verloren, und auch im
heutigen Leben lebt ihr nicht weiter als in diesem einen beweg-
lichen und vorübergehenden Augenblick. Mag also auch das, was
die Bedingungen der Zeit duldet, weder jemals angefangen haben
noch aufhören, wie Aristoteles von der Welt urteilt, mag sich
auch ihr Leben in die Unendlichkeit der Zeit erstrecken, so sollte
man doch ein solches nicht mit Recht für ewig halten. Denn es er-
faßt und umfaßt nicht den ganzen Umkreis des wenn auch unbe-
grenzten Lebens, sondern es fehlt ihm noch die noch nicht durch-
lebte Zukunft. Was also die ganze Fülle des unbegrenzbaren
Lebens zugleich erfaßt und besitzt, dem weder etwas am Zu-
künftigen abgeht, noch vom Vergangenen verflossen ist, das wird
mit Recht als ewig aufgefaßt, und das muß notwendigerweise sei-

ner selbst mächtig immer als ein Gegenwärtiges in sich verweilen und die Unendlichkeit der beweglichen Zeit als eine Gegenwart vor sich haben.»

BOETHIUS, «Trost der Philosophie»

«Ein Traum, ein Traum ist unser Leben
auf Erden hier.
Wie Schatten auf den Wogen schweben
und schwinden wir
und messen unsre trägen Tritte
nach Raum und Zeit;
und sind (und wissen's nicht) in Mitte
der Ewigkeit.»

JOHANN GOTTFRIED HERDER

ANHANG

Anmerkungen

1 Aristoteles: *Nikomachische Ethik*, hrsg. von P. Gohlke. Paderborn 1956, S. 157f (VI,2; 1139 b)

2 W. Capelle: *Die Vorsokratiker*. Berlin 1958, S. 84

3 ebenda, S. 418

4 Platon: *Timaios*, in: Platon, Sämtliche Werke, Bd. 3. Heidelberg o. J., S. 116 f.

5 Augustinus: *Bekenntnisse (Confessiones)*, 11. Buch, 13. Kapitel

6 Vgl. Albertus Magnus: *Summa theologiae*, I, 23,3

7 *Die Zeit*, hrsg. von S. A. Goudsmit, R. Claiborne und der Redaktion von LIFE. Time Inc. 1967, S. 148

8 G. W. Leibniz, *Neue Abhandlungen über den menschlichen Verstand*. Hamburg 1971, S. 137

9 *Die Zeit*, S. 153

10 Th. Dolezol: *Geschichte und Zukunft des Weltalls*, in: Gehört gelesen. Die besten Sendungen des Bayerischen Rundfunks, November 1988, 10 und 16

11 S. W. Hawkins: *Eine kurze Geschichte der Zeit – Die Suche nach der Urkraft des Universums*. Reinbek bei Hamburg 1988

12 I. Kant, *Kritik der reinen Vernunft Der Transzendentalen Ästhetik Zweiter Abschnitt Von der Zeit*, B. 46 und 47/48

13 B. L. Whorf: *Sprache, Denken, Wirklichkeit*, hrsg. von P. Krausser. Reinbek bei Hamburg 1963, S. 102

14 Pierre Simon de La Place: *Essai philosophique sur les probabilités*. Paris 1814; vgl. G. Frey: Determinus II, in: Historisches Wörterbuch der Philosophie, Bd. 2. Darmstadt 1972

15 Zit. n. H. Fleischer: *Marx und Engels*. Freiburg 1970, S. 135

16 E. R. Leach: *Zwei Aufsätze über die symbolische Darstellung der Zeit*, in: W. E. Mühlmann, E. W. Müller (Hrsg.), Kulturanthropologie. Köln/ Berlin 1966, S. 392–407, hier S. 405

17 Vgl. A. Keller: *Vom Umgang mit der Zeit. Dem Glücklichen schlägt keine Stunde*, in: Materialien zum lebenskundlichen Unterricht. Wissenschaftliche Problemstudie, hrsg. vom Katholischen Militärbischofsamt. Bonn 1983, S. 10 f.

18 Vgl. Th. S. Kuhn: *Die Struktur wissenschaftlicher Revolutionen*. Frankfurt/ Main 1973; ders.: *Die Entstehung des Neuen*. Frankfurt 1978

19 D. W. Theoboald: *Grundzüge der Wissenschaftsphilosophie*. Stuttgart 1973, S. 160 und 163

20 Vgl. zu dieser ganzen Passage: A. Keller: *Vom Vorzug, kein Zukunftsbild zu haben*, in: Stimmen der Zeit (106), 1981, S. 363–376

21 H.-J. Bogen: *Mensch aus Materie*. München/Zürich 1976, S. 171 f. und 179

22 A. Weller: *Zur Dialektik von Moderne und Postmoderne*. Frankfurt/Main 1985, S. 73

23 A. Huyssen: *Postmoderne – eine amerikanische Internationale*, in: A. Huyssen/ K. R. Scherpe: Postmoderne. Reinbek bei Hamburg 1986, S. 13–44, hier S. 42

24 Vgl. H. Diels, W. Kranz: *Die Fragmente der Vorsokratiker*, 1. Bd., ed. 6. Berlin 1951, S. 89

25 *Mensch aus Materie*, S. 171

26 Die folgende Passage ist entnommen aus: A. Keller, *Zeit – Tod – Ewigkeit*. Innsbruck – Wien 1986, 8–10

27 K. Rahner, aus: *Trost der Zeit*, in: Schriften zur Theologie III. Einsiedeln 1964, S. 169–188, hier 178

28 L. Wittgenstein: *Vorlesungen und Gespräche über Ästhetik, Psychologie und Religion*, Göttingen 1971, S. 107

29 L. Wittgenstein: *Vermischte Bemerkungen*. Eintrag aus dem Jahr 1949

30 I. Kant: *Beantwortung der Frage: Was ist Aufklärung?* A 480

Quellen

Die Gedanken zur Zeit wurden folgenden Werken entnommen:

Augustinus: *Bekenntnisse, 11. Buch*

Bachmann, Ingeborg: *Auch ich habe in den Arkadien gelebt*, in: Gesammelte Werke. R. Piper & Co. Verlag, München 1978

Bachmann, Ingeborg: *Die Gestundete Zeit*, in: Gesammelte Werke. R. Piper & Co. Verlag, München 1978

Bienek, Horst: *Der Mythos Zeit*, in: Gleiwitzer Kindheit. Carl Hanser Verlag, München 1963

Biermann, Wolf: *Brecht, Deine Nachgeborenen*, in: Nachlaß 1. Kiepenheuer & Witsch, Köln 1977

Bloy, Leon: *Der Pilger des Absoluten*, in: Unterwegs zum Menschen. München 1970

Boethius: *Trost der Philosophie*, in: H.-G. Gadamer: Philosophisches Lesebuch 1, Frankfurt am Main 1965

Brecht, Bertolt: *Beim Lesen des Horaz*, in: Gesammelte Werke. Suhrkamp Verlag, Frankfurt am Main 1967

Busch, Wilhelm: *Einszweidrei . . .*, in: Julchen, Wilhelm Busch-Album, München 1929

Celan, Paul: *Oben Geräuschlos*, in: ders.: Sprachgitter. S. Fischer Verlag, Frankfurt am Main 1959

Descartes, R.: *Meditationen über die Grundlagen der Philosophie*, Hamburg 1959

Emerson, Ralph Waldo: *Tage*, in: Lyrik des Abendlands, München 1963

Fels, Ludwig: *Mein Glück*, in: Alles geht weiter. Gedichte. Hermann Luchterhand Verlag, Neuwied und Darmstadt 1977

Fontane, Theodor: *Überlaß es der Zeit*, in: Der ewige Brunnen. Ein Volksbuch dt. Dichtung, München 1955

Fontane, Theodor: *Geliebte, willst du doppelt leben*, ebenda

Franke, Wolfgang: *Das Lied vom Regenbogen*, in: Psalmen vom Expressionismus bis zur Gegenwart. Verlag Herder, Freiburg 1978

Fried, Erich: *Rückblick*, in: Die bunten Getüme. Siebzig Gedichte. Verlag Klaus Wagenbach, Berlin 1977

Fulda, Ludwig: *Wer die Zeit sich suchen mag . . .*, in: Der ewige Brunnen. Ein Volksbuch dt. Dichtung, München 1955

Goethe, J. W. v.: *Faust*, in: Goethes Werke in sechs Bänden, Leipzig o. J.

Goethe, J. W. v.: *Gesang der Geister über den Wassern*, ebenda

Goethe, J. W. v.: *Aus dem Westöstlichen Divan*, ebenda

Goethe, J. W. v.: *Das Göttliche*, ebenda

Goethe, J. W. v.: *Faust, Erster Teil*, ebenda

Goethe, J. W. v.: *Sprüche*, ebenda

Grabert, Sigrid: *Vom Verschwinden der Gegenwart*. Mit freundlicher Genehmigung der Autorin entnommen aus: Hilde Domin: Das Gedicht als Augenblick, München/Zürich 1988

Gryphius, Andreas: *An die Welt*, in: Das Deutsche Gedicht. Vom Mittelalter bis zum 20. Jahrhundert, Frankfurt am Main und Hamburg 1963

Gryphius, Andreas: *Schöner Augenblick*, in: In diesem Lande leben wir. Deutsche Gedichte der Gegenwart, München 1978

Hagelstange, Rudolf: *Gasele von der Sekunde*. Südwest Verlag, München o. J.

Hagelstange, Rudolf: *Lied der Jahre*, in: Der ewige Brunnen. Ein Volksbuch dt. Dichtung, München 1955

Herder, Johann Gottfried, in: *Der Ewige Brunnen*. Ein Volksbuch dt. Dichtung, München 1955

Hölderlin, Friedrich, aus: *Hyperion oder Eremit in Griechenland*, Frankfurt am Main und Hamburg 1962

Hofmannsthal, Hugo von: *Der Rosenkavalier*, Erstdruck S. Fischer Verlag, Berlin 1911. Aufgenommen in: Gesammelte Werke in zehn Einzelbänden. Hrsg. von Bernd Schoeller, Dramen V. Operndichtungen. Fischer Taschenbuch Verlag GmbH, Frankfurt am Main 1979

Hopfgartner, J. (Hrsg.): *Pass gut auf sie auf*, in: Lebensweisheit vom Dach der Welt, Freiburg 1987

Horaz: *Carmina und Epoden*, Frankfurt und Hamburg 1964

Jandl, Ernst: *Ehe die Berge geboren wurden . . .*, in: Der gelbe Hund. Gedichte. Luchterhand Literaturverlag, Darmstadt 1980

Jünger, F. G.: *Die Sonnenuhr*, in: Der Westwind. Vittorio Klostermann, Frankfurt/ Main 1946

Kasack, Hermann: *Die Stadt hinter dem Strom*. Suhrkamp Verlag, Frankfurt am Main 1956

Keller, Albert: *Zeit – Tod – Ewigkeit*. Verlagsanstalt Tyrolia, Innsbruck/ Wien 1986

Keller, Gottfried: *Die Zeit geht nicht*, in: Das Deutsche Gedicht. Vom Mittelalter bis zum 20. Jahrhundert, Frankfurt am Main und Hamburg 1963

Kierkegard, Sören: *Entweder – Oder*, Köln und Olten 1960

Kunert, Günter: *Mitbürger*, in: Unterwegs nach Utopia. Gedichte. Carl Hanser Verlag, München 1978

Leibnitz, G. W.: *Neue Abhandlungen über den menschlichen Verstand*, Hamburg 1971

Lenau, Nikolaus, in: *Das deutsche Gedicht*. Vom Mittelalter bis zum 20. Jahrhundert, Frankfurt/Main, Hamburg 1957

Lichtenberg, Georg Chr.: *Aphorismen*, Zürich 1947

Logau, Friedrich von, in: *Der ewige Brunnen*. Ein Volksbuch dt.Dichtung, München 1955

Mann, Thomas: *Der Zauberberg*, in: Der Zauberberg, S. Fischer Verlag, Frankfurt a. M. 1960, 1974

Meister, Ernst: *Lang oder kurz ist die Zeit . . .*, in: Im Zeitspalt. Rimbaud Verlag, Darmstadt/Neuwied 1976, 1987

Morgenstern, Christian: *Die Zeit*, in: Christian Morgenstern: *Galgenlieder*. Der Gingganz, München 1963

Nietzsche, Friedrich: aus: *Menschliches, Allzumenschliches, in: Werke*, Frankfurt a. M./Berlin/Wien 1980

Nietzsche, Friedrich: *Vom Nutzen und Nachteil der Historie*, ebenda

Pascal, Blaise: *Gedanken*, Bremen 1958

Platon: *Vers XXXI*, in: Sämtliche Werke, Heidelberg o. J.

Rilke, Rainer Maria: *Von der Armut und vom Tode*, in: Ausgewählte Werke, Insel Verlag, Frankfurt am Main 1966

Roth, Eugen: *Unser Umgang mit der Zeit*, in: Das neue Eugen Roth-Buch. Carl Hanser Verlag, München 1970

Saint-Exupéry, Antoine de: *Wind, Sand und Sterne*. Karl Rauch Verlag, Düsseldorf 1958

Schiller, Friedrich: *Sprüche des Konfuzius*, in: Schillers sämtliche Werke in zwölf Bänden, Leipzig o. J.

Schiller, Friedrich: *Die Ideale*, in Der ewige Brunnen. Ein Volksbuch dt. Dichtung, München 1955

Schiller, Friedrich: *Resignation*, in: Schillers sämtliche Werke in zwölf Bänden, Leipzig o.J.

Schiller, Friedrich: *Wilhelm Tell*, ebenda

Schnack, Friedrich: *Weltleid*, in: Gesammelte Gedichte. Insel Verlag, Frankfurt am Main 1955

Schneider, Reinhold: *Apocalypse 17,8*, in: Gedichte. Insel Verlag, Frankfurt am Main 1959

Seneca, nach G. Honnefelder: *Was also ist die Zeit?*, Frankfurt 1989

Shakespeare, W.: *Hamlet*, Rowohlt, Hamburg 1957

Silesius, Angelus, aus: *Cherubinischer Wandersmann*, Leipzig o. J.

Wendorff, R.: *Zeit und Kultur. Geschichte des Zeitbewußtseins*, Westdeutscher Verlag, Opladen 1980

Wiemer, Rudolf Otto: *Hör dir das an*, in: Psalmen vom Expressionismus bis zur Gegenwart, Freiburg 1978

Wittgenstein, Ludwig: *Vermischte Bemerkungen*, Frankfurt am Main 1977

Wohmann, Gabriele: *Schöner Augenblick*, in: Grund zur Aufregung. Gedichte. Luchterhand Verlag, München 1978

Ausgewählte Literatur

Deutschsprachige Publikationen seit 1960:

Übersichten

Gumin, H. und H. Meier (Hrsg.): *Die Zeit*. Dauer und Augenblick, 2. Auflage, München 1990

Kahl-Furthmann, G.: *Zeit. Dialoge*. Gundsätzliche Erörterungen in drei Bänden, Bayreuth 1983

Meyer, R. W. (Hrsg.): *Das Zeitproblem im 20. Jh.*, Bern 1964

Portmann, A. und R. Ritsema (Hrsg.): *Zeit und Zeitlosigkeit*. Eranos-Jahrbuch, Bd. 47, Frankfurt am Main 1981

Wendorff, R.: *Zeit und Kultur*. Geschichte des Zeitbewußtseins in Europa, Wiesbaden 1980

Philosophie

Bieri, P.: *Zeit und Zeiterfahrung*. Exposition eines Problembereichs, Frankfurt 1972

Deppert, W.: *Zeit*. Die Begründung des Zeitbegriffs, seine notwendige Spaltung und der ganzheitliche Charakter seiner Teile, Stuttgart 1989

Lauth, R.: *Die Konstitution der Zeit im Bewußtsein*, Hamburg 1981

Levinas, E.: *Die Zeit und der Andere*, 2. Auflage, Hamburg 1989

Meyer, R. W. u. a.: *Studien zum Zeitproblem in der Philosophie des 20. Jahrhunderts*, Freiburg/München 1982.

Sommer, M.: *Lebenswelt und Zeitbewußtsein*, Frankfurt am Main 1990

Naturwissenschaft
Hawking, S. W.: *Eine kurze Geschichte der Zeit,* Reinbek bei Hamburg 1988
Janich, P.: *Die Protophysik der Zeit.* Konstruktive Begründung und Geschichte der Zeitmessung, Frankfurt am Main 1980
Mittelstaedt, P.: *Der Zeitbegriff der Physik,* Mannheim 1976
Prigogine, I.: *Vom Sein zum Werden.* Zeit und Komplexität in den Naturwissenschaften, München 1979

Kulturwissenschaften und Literatur
Honnefelder, G.: *Was also ist die Zeit?* Erfahrungen der Zeit, Frankfurt am Main 1989
Thomsen, Ch. W. und H. Holländer (Hrsg.): *Augenblick und Zeitpunkt.* Studien zur Zeitstruktur und Zeitmetaphorik in Kunst und Wissenschaften, Darmstadt 1984

Theologie
Cullmann, O.: *Christus und die Zeit.* 3. Auflage, Zollikon—Zürich 1963
Keller, A.: *Zeit – Tod – Ewigkeit.* 2. Auflage, Innsbruck/Wien 1986
Welte, B.: *Zeit und Geheimnis,* Freiburg 1975

Bildquellen

Seite 1: Milchstraßenband in der Gegend des Orion. Astro-Bilderdienst, Neukirch.
Seite 2/3: Schwarzes Loch. Harenberg Kommunikation, Dortmund.
Seite 7: «Tempus erit». Allegorie von Francis Quarles, 1639. British Library, London.
Seite 25–32: Jantar Mantar Sternwarte, Neu Delhi, Indien. LOOK Bildagentur (Aldo Acquadro), München.
Seite 49: Rad der Wiedergeburt. Tibetische Darstellung. Victoria and Albert Museum, London.
Seite 50: Rad des Sonnengottes Surya vom Tempel Konorak, Indien (Mitte 13. Jh.). Roloff Beny, Canada.
Seite 51: Shiva. Mandi Aquarell, Indien (ca. 1730–1740). Victoria and Albert Museum, London.

Seite 52/53: Aztekischer Kalenderstein (1479). Moderne Farbzeichnung von Roberto Sieck Flandes.

Seite 54/55: Planisphäre. Konstellation der südlichen Halbkugel. Biblioteca Apostolica Vaticana.

Seite 56: Christus im Tierkreis, Italien (11. Jh.). Bibliothéque Nationale, Paris.

Seite 69–72: M. C. Escher, «Knoten». Holzschnitt, 45,3 × 20,5 cm (1965, Kat.-Nr. 444); «Der Wasserfall». Lithographie, 38 × 30 cm (1961, Kat.-Nr. 439); «Der Balkon». Lithographie, 297 × 234 cm (1961, Kat.-Nr. 334); «Ringschlangen». Holzschnitt, 49,8 × 44,7 cm (1969, Kat.-Nr. 448); alle Haags Gemeentemuseum, Gravenhage. © Cordon Art, Baarn, Holland.

Seite 81–88: Die Entwicklung des Schmetterlings: Raupe, Puppe, Falter. Rolf Behlert, Haltern.

Seite 113: Gerard Dou, «Stilleben mit Leuchter und Taschenuhr». Öl auf Eichenholz, 43 × 35,5 cm. Gemäldegalerie, Dresden.

Seite 114/115: Antonio P. y Salgado Pereda, «Allegorie der Vergänglichkeit». Gemälde. Academia de San Fernando, Madrid.

Seite 116/117: Antonio P. y Salgado Pereda, «Allegorie der Vergänglichkeit». Öl auf Leinwand, 139 × 174 cm. Kunsthistorisches Museum, Wien.

Seite 118/119: Pieter Potter, «Vanitas». Öl auf Holz, 30,2 × 47 cm). Museum der Bildenden Künste, Leipzig.

Seite 120: Edwaert Colyer, «Vanitas». Öl auf Holz, 30 × 24 cm. Museum der Bildenden Künste, Leipzig.

ALBERT KELLER wurde 1932 geboren. Nach dem Eintritt in die Gesellschaft Jesu studierte er Philosophie und Theologie, lehrte seit 1967 Philosophie und war Ordinarius für Erkenntnistheorie und Sprachphilosophie. Von 1976 bis 1983 leitete Keller das Institut für Kommunikationsforschung und Medienarbeit der Universität München. Zu seinen zahlreichen Publikationen gehören «Sein oder Existenz», München 1968; «Gott – ein anderer Name für Mitmenschlichkeit», Kevelaer 1979; «Sprachphilosophie», Freiburg und München 1979; «Zeit – Tod – Ewigkeit», Innsbruck/Wien/München 1981; «Erkenntnistheorie», Stuttgart 1982; «Wer zuletzt denkt, lacht am besten», Regensburg 1984, sowie der Band «Wer selber lacht, lacht am besten», Regensburg 1989.